A Promoção da Resiliência Hídrica no Brasil

TRANSFORMANDO ESTRATÉGIA EM AÇÃO

OCDE
POLÍTICAS MELHORES PARA UMA VIDA MELHOR

Este documento e qualquer mapa aqui incluído foi elaborado sem prejuízo do status ou soberania de qualquer território, da delimitação de limites e fronteiras internacionais e do nome do território, cidade ou área.

Por favor, cite esta publicação como:
OECD (2022), *A Promoção da Resiliência Hídrica no Brasil: Transformando estratégia em ação*, OECD Publishing, Paris, https://doi.org/10.1787/a438b1f0-pt.

ISBN 978-92-64-80044-1 (impresso)
ISBN 978-92-64-85900-5 (pdf)
ISBN 978-92-64-66290-2 (HTML)
ISBN 978-92-64-87092-5 (epub)

Publicado originalmente pela OCDE sob o título:
OECD (2022), *Fostering Water Resilience in Brazil: Turning Strategy into Action*, OECD Studies on Water, OECD Publishing, Paris, ttps://doi.org/10.1787/85a99a7c-en.

Esta tradução foi encomendada pelo Centro de Empreendedorismo, PMEs, Regiões e Cidades e a sua exactidão não pode ser garantida pela OCDE. As únicas versões oficiais são os textos em inglês.

Fotografias: Capa © Getty/TacioPhilip

As erratas das publicações da OCDE podem ser acessadas online em: www.oecd.org/about/publishing/corrigenda.htm.

Prefácio

Aumentar a resiliência hídrica é urgente no Brasil, onde quase 100 milhões de pessoas não têm acesso a saneamento de maneira segura. Além disso, mais de 200 milhões de brasileiros dependem da energia hidrelétrica, reforçando ainda mais a importância da resiliência, em face à crescente intensidade e frequência de eventos hidrológicos extremos, como inundações e secas.

Este relatório baseia-se em uma década de diálogos políticos entre a Organização para a Cooperação e Desenvolvimento Econômico (OCDE) e a Agência Nacional de Água e Saneamento Básico (ANA), que apresentou os estudos *Governança dos recursos hídricos no Brasil* (2015) e *Cobranças pelo uso de recursos hídricos no Brasil: caminhos a seguir* (2017). Fornece, ainda, orientação prática voltada à ação para fortalecer a resiliência hídrica à luz de suas mudanças institucionais: primeiro, a implementação do Plano Nacional de Segurança Hídrica de 2019, que contém requisitos estratégicos de infraestrutura e um plano de investimento até 2035; e, segundo, a Lei de Saneamento 14.206/2020, que ampliou as atribuições da ANA para além da gestão de recursos hídricos, incluindo prerrogativas de saneamento.

Quatro oficinas (*workshops*) foram realizadas entre 2019 e 2021, com mais de 200 partes interessadas, e serviram de base para este relatório. A primeira tratou de questões relacionadas à promoção, gestão e financiamento da infraestrutura hídrica (14-18 de outubro de 2019); A segunda analisou as novas atribuições da ANA com o saneamento básico(19-22 de outubro de 2020). A terceira (25-28 de maio de 2021) e a quarta oficina (21-24 de setembro de 2021) concentraram-se na Bacia Hidrográfica dos Rios Piancó-Piranhas-Açu para discutir, respectivamente, a governança da bacia hidrográfica e os regimes de alocação de água e os instrumentos econômicos. O presente relatório também se utilizou da experiência de revisão por pares (*peer reviewers*) da Austrália, Comissão Europeia, França, Itália, Espanha, Reino Unido e Estados Unidos.

O relatório apresenta abordagem moderna em relação à segurança hídrica, ao estabelecer equilíbrio entre a gestão da oferta e da demanda, entre a infraestrutura cinza e a verde, entre gestão de risco e resiliência. Adota, ainda, uma visão holística que conecta recursos hídricos a outras áreas estratégicas, tais como o meio ambiente, o uso da terra e o desenvolvimento territorial. Ademais, o relatório registra que a preservação dos ecossistemas hídricos deve ser incrementada para garantir a disponibilidade hídrica para todos os usos no longo prazo. Além disso, as altas taxas de urbanização do Brasil acentuam a necessidade de melhor combinar as políticas de desenvolvimento territorial e as de gestão de recursos hídricos. Finalmente, o uso de terra afeta diretamente a magnitude de eventos hidrológicos extremos como inundações, especialmente para populações vulneráveis, o que demanda coordenação entre níveis do governo, regulação apropriada e instrumentos econômicos adequados.

A OECD está pronta para continuar a dar apoio para que o Brasil avance nas políticas de recursos hídricos com o objetivo de melhorar a vida de sua população.

Lamia Kamal-Chaoui
Diretora do Centro de Empreendedorismo, PMEs, Regiões e Cidades, OCDE

Christianne Dias Ferreira
Diretora-Presidente da ANA

Prólogo

Promover resiliência hídrica no Brasil: Transformar estratégia em ação baseia-se nas recomendações de políticas estabelecidas nos relatórios da *OCDE sobre Governança dos recursos hídricos no Brasil (2015) e Cobranças pelo uso de recursos hídricos no Brasil (2017)*, bem como em quatro oficinas de capacitação para múltiplas partes interessadas realizadas ao longo de 2019 a 2021 destinadas a transmitir as melhores e mais novas práticas internacionais.

O relatório é o último de uma série de Estudos sobre Água realizados pela OCDE nos países da América Latina, como México (2013), Argentina (2019) e Peru (2021). O relatório foca no aprimoramento do sistema de governança multinível de recursos hídricos e o seu financiamento, a fim incrementar a resiliência hídrica no Brasil e lidar melhor com os urgentes e emergentes desafios ambientais, econômicos e sociais.

Os relatórios anteriores da OCDE demonstram que o Brasil avançou significativamente na gestão de recursos hídricos desde a adoção da Lei de Águas de 1997 e a criação da Agência Nacional de Águas (ANA) em 2000. No entanto, os desafios de segurança hídrica persistem e serão agravados por megatendências como mudanças climáticas, crescimento populacional e urbanização que certamente serão exacerbados por consequências econômicas, sociais e ambientais de longo prazo resultantes da pandemia da COVID-19, incluindo restrições orçamentárias. Em 2020, 1,1 milhão de brasileiros foram atingidos por inundações e 15,8 milhões, por secas. Atualmente, 95,2 milhões de pessoas não têm acesso a saneamento seguro e 2,3 milhões de pessoas usam fontes de água impróprias a consumo doméstico e higiene pessoal.

Em resposta, o Brasil tem elevado o status do tema de segurança hídrica em sua agenda política, fortalecendo o vínculo entre a água e o desenvolvimento territorial e traçando um ambicioso plano de investimentos de R$ 27,6 bilhões até 2035. Ao mesmo tempo, a nova Lei do Saneamento, adotada em 2020, estimula maior transparência para permitir que os investidores privados contribuam para o arrojado objetivo de acesso universal à água potável e ao saneamento. A orientação prática identificada neste relatório visa a apoiar o Brasil com vistas a: (1) passar de uma abordagem baseada em risco para uma lastreada na resiliência que responda a megatendências como mudanças climáticas, crescimento demográfico e urbanização; (2) utilizar instrumentos econômicos em nível de bacia e fortalecer a governança multinível; e (3) melhorar a fiscalização regulatória e o monitoramento.

Agradecimentos

Este relatório foi preparado pelo Centro de Empreendedorismo, PMEs, Regiões e Cidades (CFE) chefiada por Lamia Kamal-Chaoui, Diretora, em cooperação com a Diretoria de Meio Ambiente (ENV) chefiada por Rodolfo Lacy e a Diretoria de Governança Pública (GOV), chefiada por Elsa Pilichowski. O documento resume os resultados de quatro oficinas de capacitação realizadas pelo Secretariado da OCDE em cooperação com a Agência Nacional de Águas e Saneamento Básico do Brasil (ANA) entre 2019 e 2021, com mais de 200 partes interessadas dos setores público e privado, bem como de instituições sem fins lucrativos, para discutir a implementação das recomendações de políticas públicas propostas ao Brasil em relatórios anteriores da OCDE sobre governança dos recursos hídricos (2015) e seu financiamento (2017). Os temas das oficinas foram: Atualização, Governança e Financiamento da Infraestrutura Hídrica (14 a 18 de outubro de 2019), Regulação da Gestão Hídrica e Saneamento Básico entre níveis de governo (19 a 22 de outubro de 2020), Fortalecimento da Governança da Bacia Hidrográfica do Rio Piancó-Piranhas Açu (25 a 28 de maio de 2021) e Fortalecimento de Regimes de Alocação da Água e Instrumentos Econômicos na Bacia Hidrográfica do Rio Piancó-Piranhas-Açu (21 a 24 de setembro de 2021).

O Secretariado da OCDE agradece aos seguintes membros da equipe principal da ANA pela excelente cooperação: Oscar Cordeiro Netto, Tauana Monteiro, Patrick Thomas, Alan Vaz, Humberto Gonçalves, Nazareno Araujo e Mariana Schneider; bem como aos funcionários da ANA que participaram das oficinas e contribuíram com suas apresentações e informações, a saber: Christianne Dias, Marcelo Cruz, Ricardo Andrade, Joaquim Gondim, Gisela Forattini, Flávia Barros, Tibério Pinheiro, Carlos Perdigão, Sérgio Ayrimoraes, Ana Fioreze, Carlos Motta, Cíntia Araújo, Flávia Carneiro, Bruna Craveiro, José Zoby, Elizabeth Juliatto, Carolina Arantes, Cristianny Teixeira, Marcelo Pires, Giordano Carvalho, Marcelo Mazzola, assim como Flávio Tröger e André Pante. Também reconhecemos a participação de palestrantes e colaboradores brasileiros nas oficinas, a saber: Jerson Kelman, Martha Seillier, Manoel Renato, Sérgio Costa, Mariana Andrade, Rafael Teza, Cristiane Battiston, Fabiano Pompermayer, Alexandre Godeiro, Verônica Sánchez, Irani Braga, Ernani Miranda, Jorge Werneck, Gabriel Fiuza, Laura Bedeschi, Leticia Barbosa, Alceu Galvão, Percy Soares Neto, Wladimir Ribeiro, Paulo Varella, Procópio Lucena, Geny Formiga, Francisco Auricélio, Porfírio Loureiro, Bruno Rebouças, Marcilio Caetano, Stela Goldestein, Thadeu Abicalil, Gilberto Canali e Guilherme Marques.

O relatório e as oficinas correlatas foram coordenados por Oriana Romano, Chefe da Unidade de Governança dos Recursos Hídricos e Economia Circular (CFE), sob a supervisão de Aziza Akhmouch, Chefe da Divisão de Cidades, Políticas Urbanas e Desenvolvimento Sustentável (CFE), em cooperação com Anna Pietikainen, Consultora Sênior de Políticas (GOV), e Gerard Bonnis, Analista Sênior de Políticas (ENV). O relatório foi elaborado por uma equipe central composta por: Ian Barker, fundador e Diretor Administrativo da Water Policy International Ltd; (Capítulo 1); Gerard Bonnis, Analista Sênior de Política, e Delia Sanchez Trancon, Economista Júnior, ambas da ENV, e Maria Salvetti, Economista Sênior da CFE (Capítulo 2); e Anna Pietikainen, Conselheira Política Sênior, Martha Baxter e Ana Simion, Analistas políticos da GOV (Capítulo 3). Kathleen Dominique, Analista sênior de Políticas (ENV) e Guillaume Gruère, Chefe de Unidade, Mudanças Climáticas, Meio Ambiente e Recursos (Diretoria de Comércio e Agricultura, TAD) forneceram insumos durante a Oficina 4. Ander Eizaguirre, Mélissa Kerim-Dikeni e

Juliette Lassman, Analistas Juniors de Políticas (CFE), forneceram contribuições para os capítulos 1 e 2 e colaboraram com a organização das oficinas online.

As oficinas beneficiaram-se das contribuições dos seguintes revisores (*peer reviewers*) e especialistas que compartilharam a experiência de seus países com as partes interessadas brasileiras: Ian Barker, fundador e diretor administrativo da Water Policy International Ltd., Reino Unido; Sanford Berg, Professor Emérito de Economia da Universidade da Flórida, EUA; Sandrine Dupuis, Chefe de Cobrança pelo Uso de Recursos Hídricos da Agência de Águas Adour Garonne, França; Peter Gammeltoft, ex-Chefe da Unidade para a Água da Diretoria-Geral de Meio Ambiente, Comissão Europeia; Joseph Glauber, Pesquisador Sênior do International Food Policy Research Institute (IFPRI); Quentin Grafton, Professor de Economia e Presidente da UNESCO em Economia da Água e Governança Transfronteiriça da Água na Universidade Nacional Australiana, Austrália; Michael Hanemann, Professor de Economia da W. P. Carey School of Business; Marit Hjort, Analista de Programas do Programa das Nações Unidas para o Desenvolvimento; Patrick Laigneau, Especialista Sênior em Gestão da Água, França; Jay Lund, Professor de Engenharia Civil e Ambiental, EUA; Fernando Magdaleno Mas, Coordenador Sênior, Direção Geral de Água, Ministério da Transição Ecológica, Espanha; Sharon Megdal, Diretora do Centro de Pesquisa de Recursos Hídricos da Universidade do Arizona, EUA; Christian Minelli, Relações Externas Europeias e Internacionais, Autoridade Reguladora de Energia, Redes e Meio Ambiente, Itália; David Satti, Diretor Assistente da Comissão da Indústria da Água para a Escócia (WICS); Laura Tanco Ballesteros, Escritório de Planejamento Hidrológico da Organização da Bacia de Jucar, Espanha; e Adam Wilson, Diretor Executivo da Comissão de Serviços Essenciais da Austrália do Sul, Austrália.

O relatório foi submetido à aprovação por procedimento escrito à Comissão de Políticas de Desenvolvimento Regional (RDPC) em 9 de dezembro de 2021, sob o nome de CFE/RDPC/WGI(2021)4. Também foi submetido aos delegados da Rede de Reguladores Econômicos (NER) e do Grupo de Trabalho sobre Biodiversidade, Água e Ecossistemas (WPBWE) para comentários. A versão final foi editada por Misha Pinkhasov e formatada por Eleonore Morena. François Iglesias e Pilar Philip prepararam o manuscrito para a publicação.

Índice

Tabelas

Figuras

Quadros

Sumário executivo

O aumento da frequência e da intensidade de eventos relacionados aos recursos hídricos no Brasil, devido às mudanças climáticas, coloca a população em risco, reduz a confiabilidade na infraestrutura hídrica e tem consequências negativas para a segurança alimentar e energética. Em 2020, 1,1 milhão de pessoas foram afetadas por enchentes, cerca de 15 milhões, por secas, e um número maior, por efeitos negativos indiretos, como preços mais altos dos alimentos. Além disso, o esgotamento dos reservatórios hidrelétricos, iniciado em 2013, fez com que, em 2021, 213 milhões de pessoas, dependentes de energia hidrelétrica sofressem maior risco de interrupção no abastecimento de energia elétrica. Portanto, são necessárias políticas urgentes que garantam a resiliência hídrica e enfrente as consequências das incertezas climáticas.

A crise econômica causada pela pandemia de COVID-19 exerceu pressão adicional sobre a capacidade do Brasil de implementar políticas de recursos hídricos, de saneamento e de redução da lacuna de infraestrutura no país. Embora a economia brasileira tenha começado a se recuperar em 2021 (com crescimento projetado de 5,2%), foi duramente afetada pela COVID-19, contraindo-se 4,1%, acima da média mundial (-3,4%), em 2020. A pandemia evidenciou antigos desafios de saúde pública. De fato, a partir de janeiro de 2022, o Brasil tinha 2.899 por 1 milhão de óbitos relacionados à COVID-19, ficando em segundo lugar na região da América Latina e Caribe (LAC, sigla em inglês). Mais de 100 milhões de brasileiros não têm acesso a saneamento seguro, enquanto 21,6 milhões de pessoas usam instalações sanitárias inadequadas. Outras 2,3 milhões de pessoas usam fontes de água inseguras para consumo e higiene pessoal, enquanto cerca de 15 milhões de moradores urbanos não têm acesso à água potável segura e, em áreas rurais, cerca de 8 milhões de pessoas não têm acesso à água tratada.

O Brasil criou diversos mecanismos regulatórios e de financiamento para responder aos desafios da segurança hídrica. Em 2019, o Plano Nacional de Segurança Hídrica (PNSH) definiu uma meta de investimento baseada em 114 ações a serem executadas até 2035. Essas ações deverão beneficiar 1/3 das 74 milhões de pessoas que vivem em áreas onde a oferta hídrica está em risco e que, provavelmente, sofrerão com a perda de produção industrial e agrícola, se nenhuma providência for adotada. O Programa de Segurança Hídrica (PSH), anexo ao Plano, prevê um total de R$ 27,6 bilhões em investimentos de capital e R$ 1,2 bilhão por ano, em média, para operação e manutenção de infraestrutura hídrica. Isso dobra os níveis atuais (R$12,94 bilhões por ano de 2013 a 2017 e R$13,7 bilhões em 2020, ou seja, cerca de 0,2% do PIB), ainda que os investimentos no setor de saneamento permaneçam menores do que em outros setores, como o elétrico (0,54% do PIB em 2017). Além disso, a nova Lei do Saneamento de 2020 definiu as condições para maior segurança jurídica e transparência com vistas a engajar o setor privado em projetos relacionados à infraestrutura hídrica com o objetivo de construir e manter serviços de saneamento em todo o País. Ao fazer isso, a lei amplia o papel da ANA, passando de gestora dos recursos hídricos para assumir, adicionalmente, a responsabilidade de definir normas e padrões de referência para os serviços de abastecimento de água e esgotamento sanitário.

Este relatório fornece uma série de recomendações de políticas públicas e plano de ação feitos sob medida (anexo B) para que o Brasil passe da estratégia para a ação em três áreas principais:

Primeiro, mudar de uma abordagem baseada em riscos para uma abordagem de resiliência para lidar com incertezas futuras advindas das mudanças climáticas:

- Criação de uma cultura onde a água seja considerada um recurso escasso e valioso, por exemplo, por meio do uso de tarifas com base geográfica (de escassez). As questões a serem levadas em consideração incluem: o grau de escassez hídrica; o nível de sensibilidade ambiental e o grau de estresse no ecossistema; a proporção de água utilizada que poderia ser reutilizada; e a qualidade de efluentes. Também é fundamental que se identifiquem formas de proteger domicílios de baixa renda e vulneráveis por meio de subsídios cruzados, tarifas sociais, apoio à renda, reduções ou descontos especiais. Uma cultura da água também pode ser criada por meio da instalação de equipamentos mais eficientes, aliada à educação e conscientização.

- Uso de opções incrementais e escalonáveis para melhor gerenciar a demanda e a oferta de água, por meio do incentivo ao uso racional e à mudança de comportamento, ao mesmo tempo em que se adote tempestivamente uma gama de opções do lado da oferta.
- Utilização da infraestrutura verde como alternativa flexível e econômica às soluções de engenharia rígidas para o desafio da segurança hídrica ao mesmo tempo em que se produzem resultados benéficos para a qualidade da água, para o ecossistema, para a gestão de risco de inundação e para as vazões dos rios.

Em segundo lugar, fazer com que as organizações de bacias hidrográficas forneçam e usem instrumentos econômicos para enfrentar os riscos hídricos, por meio de:

- Adoção de sistema multinível de governança que assegure a gestão hídrica em escala de bacia, em coordenação com agências estaduais e o governo federal. Isso implica também avaliar se as instituições estão cumprindo seu mandato de observar possíveis lacunas (gaps) de governança e de planejar medidas para superá-las.
- Envolvimento das partes interessadas nas discussões de gestão de recursos hídricos para garantir um processo equilibrado e representativo que leve em consideração ideias e opiniões diversas e atente, de modo especial, para o envolvimento dos municípios e das comunidades carentes/desfavorecidas.
- Alocação de água onde houver maior carência e atribuição de valor à água por meio de instrumentos econômicos, tais como a cobrança pelo uso dos recursos hídricos. Esses instrumentos criam incentivos para reduzir a demanda hídrica e para alocar a água de maneira eficiente, enquanto se arrecadam fundos para financiar a infraestrutura e a gestão integrada dos recursos hídricos. Para melhorar a relação custo-benefício, as cobranças deveriam ser combinadas com outros instrumentos, tais como regimes de alocação de água, vazões fluviais ecológicas mínimas (regulação direta) e a promoção das melhores tecnologias disponíveis (medidas de informação).

Em terceiro lugar, acompanhar o desenvolvimento da infraestrutura com fiscalização e monitoramento eficazes por parte do regulador. Para que isso aconteça, a ANA, que está no centro da reforma da nova Lei do Saneamento, necessitará:

- Instituir mecanismos eficazes de coordenação com as instituições infranacionais para assegurar que, na aplicação da nova lei, não haja nenhum conflito formal ou de percepção, nos diferentes níveis de governo, no que se refere à tomada de decisão. Deverá, ainda, avaliar impactos e fazer revisão sistemática do processo de implementação da lei.
- Fortalecer mecanismos de engajamento das partes interessadas com o objetivo de aumentar o entendimento e o cumprimento das regras e das normas de referência, mas também deverá ampliar a conscientização a respeito das atividades do regulador para aumentar a aceitação pública.
- Construir capacidades e competências adequadas ao regulador para que o novo mandato da ANA seja acompanhado de esforço concentrado que assegure financiamento, habilidades e capacidades adequados.

1 Gestão de infraestrutura hídrica para maior resiliência

Em todo o mundo, a infraestrutura tem papel chave na resposta às pressões sobre os recursos hídricos e na melhoria da segurança hídrica. Essas pressões continuarão a aumentar nas décadas futuras em conseqüência da mudança demográfica, crescimento econômico, poluição, alteração no uso e na ocupação do solo, degradação do ecossistema e mudanças climáticas. O Brasil não é exceção. O País avançou consideravelmente na identificação e no enfrentamento de desafios, bem como no financiamento e na manutenção da infraestrutura por meio de investimento público. No entanto, o modelo de financiamento atingiu um limite. A capacidade e o engajamento das partes interessadas precisam ser melhorados e passar de uma abordagem de risco para uma de resiliência. Este capítulo apresenta opções para se alcançar esses objetivos.

Infraestrutura para a segurança hídrica no Brasil

O aumento da frequência e da intensidade de eventos extremos relacionados aos recursos hídricos no Brasil, devido às mudanças climáticas, coloca a população em risco, reduz a confiabilidade na infraestrutura hídrica e tem consequências na segurança alimentar e energética. Em 2020, 1,1 milhão de brasileiros foram atingidos por inundações e 15 milhões, por secas (ANA, 2021[1]). Em 2021, o esgotamento dos reservatórios hidrelétricos devido a uma sequência de anos hidrológicos abaixo da média, a partir de 2013, ameaçou o fornecimento de energia elétrica para 213 milhões de pessoas que dependem de energia hidrelétrica. Inundações e secas podem ocorrer simultaneamente em diferentes partes do país, impactando a confiabilidade na infraestrutura hídrica. Durante as secas, por exemplo, a redução da vazão aumenta as incertezas acerca do armazenamento dos reservatórios, enquanto a capacidade reduzida das hidrelétricas multiuso pode gerar tensões entre os usuários.

O crescimento populacional e a rápida urbanização do Brasil afetaram o desenvolvimento da infraestrutura hídrica. No entanto, ainda há lacunas, especialmente entre as áreas urbanas e rurais. Em 1970, 51 milhões dos 93 milhões de brasileiros viviam em áreas urbanas. Em 2010, de 190 milhões de habitantes, 160 milhões viviam em centros urbanos ou próximos ao litoral (IBGE, 2015[2]; ECLAC, 2012[3]). Devido ao aumento populacional, até 2040, a demanda hídrica deverá crescer 43,5%, em relação a 2017, o que representa um aumento de 4.337 bilhões de m³ de água (Trata Brasil, 2020[4]). Aproximadamente 15 milhões de brasileiros que vivem em áreas urbanas não têm acesso a água de modo seguro, sem contaminação externa e disponível nos domicílios (Siwi/Unicef/World Bank, 2020[5]). Nas áreas rurais, 30% da população (7,8 milhões de habitantes) não têm acesso a água tratada (WHO/UNICEF, 2021[6]). O esgoto não-tratado reduziu de 62,2%, em 2010, para 49,2%, em 2020, porém permanece elevado (MDR, 2020[7]). No que se refere à poluição da água, as concentrações elevadas de DBO estão presentes nos rios que atravessam os grandes centros urbanos e que recebem altas cargas de poluentes orgânicos de efluentes não-tratados e poluição difusa (ANA, 2021[8]).

Ao todo, 95,2 milhões de pessoas não possuem serviços de saneamento básico adequados (MDR, 2020[7]). Desse total, 21,6 milhões utilizam instalações sanitárias inadequadas; enquanto 2,3 milhões utilizam fontes de água impróprias para o consumo humano e para higiene pessoal e doméstica. A carência é especialmente crítica em aldeias indígenas, periferias urbanas, assentamentos informais e favelas, onde vivem aproximadamente 13 milhões de brasileiros. De acordo com o *Atlas Águas – Segurança Hídrica do Abastecimento Urbano*, serão necessários investimentos da ordem de R$ 110,3 bilhões em produção e distribuição de água e em infraestrutura hídrica até 2035 (ANA, 2021[8]).

O Plano Nacional de Segurança Hídrica (PNSH) estabeleceu, em 2019, requisitos estratégicos de infraestrutura e um plano de investimentos até 2035. Os projetos propostos no PNSH beneficiarão 1/3 dos 74 milhões de pessoas que vivem em áreas onde o abastecimento de água está ameaçado e onde se projeta um impacto econômico da ordem de R$ 518 bilhões de reais, causado pela perda de produção industrial e agrícola. De acordo com o PNSH, até 2035, serão necessários R$ 26,9 bilhões para investimentos em infraestrutura hídrica nova, principalmente para permitir a expansão do armazenamento e do abastecimento de água, dos quais R$ 17,6 bilhões em recursos públicos federais (até o momento, já foram investidos R$ 13,2 bilhões) (ANA/MDR, 2019[9]). Assim, é necessário financiamento alternativo para prover parte da infraestrutura hídrica estratégica(ANA, 2019[10]). O Ministério do Desenvolvimento Regional (MDR) monitorará e atualizará o PSH e, quando necessário, cuidará de sua implementação de forma proativa. Ao fazê-lo, trabalhará em estreita colaboração com agências federais, instituições estaduais e outras partes interessadas e garantirá que o programa se vincule a outras políticas públicas para o fornecimento de saneamento e para a promoção de desenvolvimento regional.

Estima-se que as necessidades de investimentos sejam quase o dobro das atuais. De 2013 a 2017, o Brasil investiu R$ 12,94 bilhões por ano em água e saneamento (MRD, 2019[11])). Em 2020, esse valor atingiu R$ 13,7 bilhões. No entanto, há necessidade de R$ 357 bilhões para alcançar o acesso universal à água e ao saneamento, o que corresponde a R$ 23,8 bilhões por ano até 2033 (1,8 vezes o investimento médio atualmente observado). Outros estudos estimam que o investimento necessário seja de R$ 498 bilhões, sem contar com R$ 255 bilhões em consequência da depreciação de ativos, representando um total de R$ 753 bilhões (KPMG/ABICON, 2020[12]) ou R$ 50,2 bilhões por ano até 2033 (3,9 vezes a taxa de investimento atual). A novo marco regulatório pretende atrair investimentos privados para fazer frente à demanda por investimento.

Uma abordagem moderna de segurança hídrica não pode depender apenas das infraestruturas. Requer estratégias de desenvolvimento regional de baixo para cima (*bottom-up*) para fazer face às disparidades econômicas e sociais. A OCDE (2015[13]) destacou a necessidade de se superar o antigo legado da visão keynesiana na política pública brasileira, baseado em robusto investimento público para a construção de grandes obras de infraestrutura. Como tal, as medidas para uma maior segurança hídrica (por exemplo, combinar oferta e demanda, infraestruturas cinzas e verdes, gestão de riscos e resiliência, com uma visão holística em relação ao meio ambiente, desenvolvimento territorial e uso do solo) implicarão governança robusta da água, como destacado nos Princípios da OCDE sobre Governança dos Recursos Hídricos (Quadro 1.1).

Quadro 1.1. Os Princípios da OCDE sobre Governança dos Recursos Hídricos

Os Princípios da OCDE sobre Governança dos Recursos Hídricos visam a melhorar os sistemas de governança para administrar a água "em excesso", "em escassez" e "muito poluída" e promover o acesso universal à água potável e ao saneamento, de forma sustentável, integrada e inclusiva, a custo aceitável e em prazo razoável. Os princípios reconhecem que a boa governança é um meio para se compreender a complexidade e gerenciar escolhas (trade-offs) em um setor de política pública altamente sensível a fragmentação, setorialização, incompatibilidade em diferentes escalas, externalidades negativas, monopólios e grandes investimentos intensivos em capital. Os princípios consideram que a boa governança ocorre quando contribui para a resolução dos principais desafios hídricos usando uma combinação de processos de baixo para cima e de cima para baixo, ao mesmo tempo em que promove relações construtivas entre Estado e sociedade. A má governança, por outro lado, gera custos de transação indevidos e não responde às necessidades locais.

Os princípios favorecem sistemas de governança dos recursos hídricos que sejam eficazes, eficientes e inclusivos:

1. A eficácia refere-se à contribuição da governança para definir objetivos e metas claros e sustentáveis em matéria de política de recursos hídricos em todos os níveis de governo, para implementar os objetivos dessas políticas e para atingir as metas previstas.
2. A eficiência refere-se à contribuição da governança para maximizar os benefícios da gestão sustentável da água e do bem-estar ao menor custo para a sociedade.
3. Confiança e engajamento estão relacionados à contribuição da governança para construir a confiança do público e garantir a inclusão das partes interessadas por meio da legitimidade democrática e da equanimidade para a sociedade como um todo.

Os 12 princípios são:

- Princípio 1. Alocar e definir com clareza papéis e responsabilidades para a formulação de políticas públicas da água, sua implementação, sua gestão operacional e sua regulação, bem como promover a coordenação entre as instituições responsáveis.
- Princípio 2. Gerir a água na(s) escala(s) apropriada(s) dentro dos sistemas integrados de governança da bacia de modo a refletir as condições locais e promover a coordenação entre as diferentes escalas.
- Princípio 3. Incentivar a coerência das políticas públicas por meio da coordenação intersetorial eficaz, especialmente entre os setores de recursos hídricos, meio ambiente, saúde, energia, agricultura, indústria, ordenamento do território e uso do solo.
- Princípio 4. Ajustar o nível de capacidade das instituições responsáveis à complexidade dos desafios hídricos e ao conjunto de competências necessárias para o exercício das suas funções.
- Princípio 5. Produzir, atualizar e compartilhar tempestivamente dados e informações relevantes da política de recursos hídricos de forma consistente e comparável, e utilizar esses dados para guiar, avaliar e melhorar as políticas públicas de água.
- Princípio 6. Assegurar que os arranjos de governança ajudem a mobilizar e alocar recursos financeiros para o setor de maneira eficiente, transparente e tempestiva.
- Princípio 7. Garantir que marcos regulatórios sólidos sejam efetivamente implementados e aplicados, visando ao interesse público.

- Princípio 8. Promover a adoção e a implementação de práticas inovadoras de governança dos recursos hídricos em todas as instituições responsáveis, em todos os níveis de governo e por todas as partes interessadas relevantes.
- Princípio 9. Integrar práticas de integridade e transparência nas políticas públicas, das instituições e nas estruturas de governança dos recursos hídricos para obter maior responsabilização (accountability) e confiança na tomada de decisões.
- Princípio 10. Promover o envolvimento das partes interessadas, de modo que ofereçam contribuições informadas e orientadas para resultados, na formulação e na implementação das políticas de recursos hídricos.
- Princípio 11. Incentivar as estruturas de governança dos recursos hídricos para ajudar a gerenciar escolhas (trade-offs) entre usuários de água, entre áreas rurais e urbanas, bem como entre gerações.
- Princípio 12. Promover o permanente monitoramento e avaliação da política pública e da governança dos recursos hídricos, compartilhando os resultados com o público e fazendo ajustes quando necessário.

Figura 1.1. Os Princípios da OCDE sobre Governança dos Recursos Hídricos

Fonte: OECD(2015[14]), OECD Principles on Water Governance, http://www.oecd.org/cfe/regional-policy/OECD-Principles-on-Water-Governance.pdf

Acertando a governança da infraestrutura hídrica

Ampliando a coordenação entre níveis de governo

O Brasil possui estrutura institucional que planeja e implementa projetos de infraestrutura hídrica para aumentar a segurança hídrica. Em resposta à necessidade de desenvolvimento de infraestrutura hídrica, a Agência Nacional de Águas e Saneamento Básico (ANA) passou a integrar o Ministério do Desenvolvimento Regional (MDR), após desvincular-se do Ministério do Meio Ambiente. Em 2019, a ANA publicou o PNSH (ANA, 2019[10]), com foco em dois tipos de intervenção: (1) barragens multiuso para abastecimento de água e controle de enchentes e (2) infraestrutura para distribuição e transferência de recursos hídricos. As soluções encontradas baseiam-se em ampla avaliação e mapeamento dos riscos hídricos no país, por meio do Índice de Segurança Hídrica (ISH), que combina critérios humanos, econômicos, ecossistêmicos e de resiliência. O ISH revelou que áreas litorâneas e parte da região nordeste do País são as mais vulneráveis.

A implementação do PNSH exigirá coordenação entre os níveis de governo. No Brasil, a gestão dos recursos hídricos é de responsabilidade dos 27 estados e do Distrito Federal, e há histórico de participação democrática entre os mais de 200 Comitês de Bacia Hidrográfica. A OCDE (2015[15]) reconheceu que as bacias hidrográficas do Brasil são muito diversas em termos de características hidrológicas e em nível de desenvolvimento econômico, bem como em termos de capacidade e habilidades institucionais. As soluções para os desafios da gestão da água, portanto, precisam refletir essa diversidade e a realidade dos distintos níveis de progresso rumo a metas abrangentes de políticas públicas. Além disso, as tensões entre prioridades federais e estaduais são acentuadas pelos desafios relacionados ao "duplo domínio" quanto à gestão de recursos hídricos, situação em que as competências sobre rios de domínio da União e sobre rios de domínio estadual são alocadas a diferentes níveis de governo.

Como parte da avaliação de qualquer proposta de um grande projeto, deve-se assegurar que **os papéis e as responsabilidades** estejam definidos para cada estágio desde a decisão inicial de implantar a política pública até a operação e a manutenção da obra concluída, como destacado nos Princípios da Governança dos Recursos Hídricos da OCDE (OECD, 2015[13]). As opções a serem consideradas incluem:

- **Reforçar a relação entre todas as instituições relevantes**. O Ministério do Desenvolvimento Regional, ao qual pertence a ANA, deve ter papel central em relação à infraestrutura hídrica, com o engajamento simultâneo de entidades relevantes para a gestão dos recursos hídricos e para o desenvolvimento social e econômico do país, como a CODEVASF (Companhia de Desenvolvimento dos Vales do São Francisco e Parnaíba) e DNOCS (Departamento Nacional de Obras contra as Secas), ambas vinculadas ao Ministério do Desenvolvimento Regional (Ministry of Regional Development, 2021[16]; 2021[17]).
- **Formalizar arranjos institucionais para a tomada de decisão** sobre cada grande projeto de infraestrutura, a fim de garantir que os papéis, as responsabilidades e o financiamento estejam claros e implementados a cada estágio de seu desenvolvimento.
- **Estabelecer a base jurídica para a infraestrutura verde e para o engajamento estratégico entre setores.** A extensão da política pública de infraestrutura verde como medida de adaptação às mudanças climáticas precisa ser acordada entre os ministérios que lidam com a temática. O planejamento, o financiamento e a entrega de infraestrutura verde devem ser conduzidos de maneira mais formal, com apoio legislativo e orçamentário e com clareza sobre a responsabilização (accountability), a depender da natureza do sistema. Um portfólio otimizado de infraestrutura cinza e verde[1] parece essencial para construir e manter a segurança e a resiliência hídrica. Soluções baseadas na natureza, por exemplo, estão entre as mais eficientes para aumentar, de forma sustentável, a produção de água (Quadro 1.2).

Quadro 1.2. Colhendo os benefícios da infraestrutura verde no setor hídrico

Infraestruturas verdes são definidas como "uma rede estrategicamente planejada de áreas naturais e seminaturais com outras características ambientais, projetadas e geridas para proporcionar amplo espectro de serviços ecossistêmicos. Incorporam espaços verdes (ou azuis se os ecossistemas aquáticos forem incluídos) e outras características físicas de áreas territoriais (incluindo áreas costeiras) e marinhas"(EC, 2013[18]). Infraestruturas verdes são reconhecidas, cada vez mais, como parte da resposta aos desafios de países da OCDE, especialmente quando as cidades competem com outros usuários (agricultura e energia térmica, por exemplo) pelo acesso à água de que necessitam e quando se considera a gestão da água com relação ao uso do solo e a outras políticas.

O Programa das Nações Unidas para o Meio Ambiente (2014[19]) lista infraestruturas verdes para a gestão de recursos hídricos, algumas das quais são úteis em contextos urbanos. Colin Green (OECD, 2013[20]) acrescenta a essa lista a gestão da demanda e o processamento local de águas negras ou cinzas. As tecnologias relacionadas à reciclagem de lodo, à geração de energia a partir do esgoto e à eficiência energética do ciclo da água também poderiam ser consideradas. A infraestrutura verde fornece soluções para todos os quatro riscos que determinam a segurança hídrica urbana: secas, inundações, poluição e resiliência do ecossistema. Ressalte-se, ainda, que a maioria das tecnologias identificadas na Tabela 1.1 estão maduras. Algumas estão em uso há séculos. Por exemplo, Veneza depende da drenagem de água pluvial desde seus primórdios, e Paris adotou, ainda no século 19, um sistema de tubulação tripla que fornece água não-potável para usos que não requereram água potável.

Os benefícios das infraestruturas verdes estão cada vez mais bem documentados. A Nature Conservancy (McDonald and Shemie, 2014[21]) calculou que, se as cidades investissem na conservação de bacias hidrográficas, 700 milhões de pessoas poderiam receber água de melhor qualidade e as concessionárias de água poderiam economizar US$ 890 milhões por ano em custos de tratamento de água. A conservação de bacias hidrográficas pode ser particularmente relevante para cidades de baixa renda que não podem arcar com os custos de capital referentes a operação e manutenção (O&M) das infraestruturas existentes.

Tabela 1.1. Soluções de infraestrutura verde para a gestão dos recursos hídricos

	Questão da gestão de águas urbanas							
	Abastecimento de água e saneamento (incluindo secas)	Regulação da qualidade da água			Moderação de eventos extremos (cheias)			Proteção de ecossistemas
		Purificação da água	Controle biológico	Controle de temperatura da água	Controle de inundações ribeirinhas	Escoamento de águas pluviais urbanas	Controle de inundações (tempestades) costeiras	
	Solução de infraestrutura verde							
Gestão por demanda	X							X
Processamento local de águas negras ou cinzas	X	X	X					
Restauração/conservação de áreas úmidas	X	X	X	X	X			X
Construção de áreas úmidas	X	X	X	X	X			X
Coleta de água						X		
Espaços verdes	X	X		X		X		X
Pavimentos permeáveis	X	X				X		X
Telhados verdes						X		X
Proteção/restauração de manguezais,							X	X

pântanos costeiros, dunas, recifes								
Infraestrutura cinza correspondente (nível de serviço primário)								
Barragens, bombeamento de águas subterrâneas	X			X				
Barragens, diques				X	X			
Sistema de distribuição de água	X							
Estações de tratamento de água		X	X					
Infraestrutura urbana de águas pluviais						X		
Muros de contenção do mar (*sea walls*)							X	

A infraestrutura verde pode ser significativamente mais econômica que as soluções cinza. No entanto, geralmente ela deve coexistir e interagir com a infraestrutura cinza. A chave para a implementação bem-sucedida é o planejamento territorial, idealmente, em escala de bacia, uma vez que, embora a precipitação não possa ser alterada, a forma como ela escoa depende de estratégias referentes ao uso do solo e das modificações da paisagem.

A infraestrutura verde pode fornecer benefícios multifuncionais. Por exemplo, parques urbanos e outros espaços verdes em La Marjal de Alicante, na Espanha, oferecem amenidades multifuncionais, que são alternativa às opções convencionais construídas contra inundações. Essas soluções estão em uso em muitos países, empregando combinações de túneis de desvio, canais de desvio naturais ou artificiais, ou reconexão em larga escala da planície de inundação com o rio, para restaurá-lo ao seu propósito natural.

Fonte: Adaptado da UNEP (2014[19]), Guia de infraestrutura verde para gestão de recursos hídricos: Ecosystem-based Management Approaches for Water-related Infrastructure Projects, United Nations Environment Programme; OECD (2013[20]),"Barriers to and Incentives for the Adoption of Green Water Infrastructure", OECD, Paris; OECD (2015[22]), Water and Cities: Ensuring Sustainable Futures, http://dx.doi.org/10.1787/9789264230149-en; McDonald, R. and D. Shemie(2014[21]), Urban Water Blueprint: Mapping Conservation Solutions to the Global Water Challenge, https://www.nature.org/content/dam/tnc/nature/en/documents/Urban_Water_Blueprint.pdf; EC(2013[18]), Building a Green Infrastrcuture for Europe, European Commission, https://ec.europa.eu/environment/nature/ecosystems/docs/green_infrastructure_broc.pdf;

Visando a resiliência

Com base no princípio da subsidiariedade, a legislação brasileira indica a divisão de tarefas entre planos nacionais, estaduais e de bacias hidrográficas, que muitas vezes carecem de implementação efetiva. O estado deve focar em questões estratégicas no contexto mais amplo e tratar de questões estratégicas no contexto regional, enquanto os planos de bacia hidrográfica, com abordagem mais local, devem ter como foco as tarefas executivas e operacionais. De acordo com o artigo 35 da Lei das Águas de 1997, o Conselho Nacional de Recursos Hídricos (CNRH) deve promover a coordenação dos planos de recursos hídricos em nível nacional, regional, estadual e planos setoriais, além de aprovar o Plano Nacional de Recursos Hídricos, certificando-se de que seus objetivos sejam atingidos. No entanto, o Plano Nacional de Recursos Hídricos é muito abrangente para definir prioridades específicas e falha em estabelecer vínculos com estratégias de desenvolvimento mais amplas. Os planos estaduais e de bacias, frequentemente, são considerados como "tigres de papel", pois não são implementados devido à falta de adesão das partes interessadas e dos responsáveis pelas decisões. Dependem deles as providências a serem adotadas e os fundos a serem alocados. Frequentemente, os planos carecem de implementação adequada (OECD, 2015[15]).

Pensar em resiliência do sistema pode ajudar a desenvolver planos mais robustos e soluções mais flexíveis. A resiliência não é simplesmente uma questão de saber se um sistema tem capacidade de manter a oferta na eventualidade de uma seca, mas também de saber como deve responder a uma série de adversidades, tais como perda de energia em larga escala ou um ataque cibernético. A mudança climática cria diversos impactos potenciais contra os quais a infraestrutura precisa ser resiliente. As barragens, por exemplo, precisam ser projetadas para lidar com mudanças de níveis, e os sistemas de drenagem urbana de águas superficiais devem ser projetados para lidar com taxas mais elevadas de escoamento quando comparadas aos registros históricos. A infraestrutura adjacente aos rios, como estações de tratamento de água potável e estações de tratamento de águas residuais, provavelmente enfrentará, cada vez mais, o risco de inundação.

Um sistema resiliente é parte vital do Princípio do Usuário-Pagador, que visa ao compartilhamento equitativo de custos e de acesso ao recurso, bem como ao abastecimento eficiente de água e à conservação do recurso por meio de gestão da demanda. Uma "presunção de mudança" é fundamental para suposições em torno dos níveis de resiliência e para identificar as condições para a reparação da falha. Os arranjos institucionais e de governança são também essenciais à resiliência. Na Inglaterra e no País de Gales, o regulador econômico Ofwat tem o dever legal de garantir a resiliência das empresas de água sob sua supervisão, mediante planejamento e investimento, inclusive no que tange a operação e manutenção (O&M). O Ofwat tem ainda o papel de assegurar que a gestão do uso do recurso hídrico ocorra de forma sustentável e eficiente para os usuários. Todas as empresas são obrigadas, em seus planos de negócios quinquenais, a incluir a resiliência. Elas elaboram, por exemplo, um projeto que não dependa unicamente de ativos de um tipo específico, apresente maior conectividade em suas redes, proteja seus ativos e aprimore seus processos de resposta a incidentes. Dessa forma, quando houver falha, ela poderá ser identificada e corrigida rapidamente antes que possa causar falhas em cadeia.

Para responder ao risco crescente de secas, o planejamento de novas infraestruturas deve levar em conta os seguintes pontos:

- **Inclusão dos piores cenários** em relação ao impacto potencial das mudanças climáticas e aos níveis de demanda hídrica futura. A ANA tem avançado no entendimento e na gestão de riscos para o abastecimento de água e essa abordagem precisa incluir a reflexão sobre a resiliência para que a duração e a magnitude das falhas sejam minimizadas. Essa avaliação deve constar do planejamento do uso dos recursos hídricos, no sentido de "esperar o melhor, mas preparar-se para o pior". Isso ajudará a identificar lacunas (*gaps*) na capacitação e nas capacidades técnicas que precisam ser aprimoradas e nos gastos que têm de ser priorizados.
- **Avaliação de vulnerabilidades dos sistemas** a choques como secas mais extremas que as esperadas, ataques cibernéticos ou falhas de telemetria e deve considerar as medidas para mitigar os impactos.
- **Garantia de maior confiabilidade e resiliência** dos sistemas de abastecimento existentes, bem como introdução de fontes hídricas alternativas menos vulneráveis à seca. Na Espanha, por exemplo, a incerteza crescente a respeito da confiabilidade das captações gerou dependência maior de fontes menos convencionais de água. Naquele país, existem 765 plantas de dessalinização que processam mais de 100m³ por dia, produzindo em torno de 5 milhões de m³ diários para uso urbano, agrícola e industrial. A água dessalinizada pode ser mais cara que a proveniente de represas e de rios, dependendo das externalidades consideradas, e produzem grandes volumes de salmoura a serem descartados. O reuso de água também é importante na Espanha, com 368 sistemas em operação ou em planejamento, produzindo quase 11% do total de água disponível. Há rígidas regras e padrões de qualidade da água para cada tipo de uso. Alguns usos são proibidos, como para consumo humano, indústria de alimentos, hospitais, aquicultura de moluscos, etc. A UE está analisando quais padrões devem ser aplicados em toda a Europa a fim de responder a preocupações concretas e percebidas sobre os riscos à saúde pública.

- **Desenvolvimento de planos de gestão de seca** para ativos novos e existentes. É importante desenvolver planos de gestão de secas que estabeleçam responsabilidades e ações previamente acordadas com as partes interessadas em todos os setores. Os planos ajudariam a controlar a demanda, com gatilhos definidos à medida que a seca se intensificar. Independentemente do local onde os recursos emergenciais sejam utilizados, é preciso que se acordem as condições para seu uso e as medidas de mitigação que compensem impactos ambientais e sociais. Os planos de gestão de seca contribuem para que se avance nas gestões de crise e de risco, uma vez que demandam avaliações, monitoramento e tomada de decisão baseados em uma série de indicadores.

Garantindo a coerência de políticas

A segurança hídrica é uma política de longo prazo que exige infraestrutura onerosa e longeva.. Ela tem impactos em políticas intersetoriais em nível nacional, regional e local e encontram sinergias fundamentais entre água, meio ambiente e políticas públicas de uso e ocupação do solo. Em primeiro lugar, a conservação dos ecossistemas hídricos deve ser aprimorada para garantir a disponibilidade hídrica em todos os usos no longo prazo. Em segundo lugar, as altas taxas de urbanização ressaltam a necessidade de compatibilização com políticas de desenvolvimento territorial, que têm reflexos na gestão de recursos hídricos. Em terceiro lugar, o uso do solo afeta, de maneira direta, a magnitude dos eventos hidrológicos extremos, especialmente para comunidades vulneráveis. Dessa forma, a coordenação entre as políticas e os setores é essencial para que a infraestrutura hídrica alcance seus objetivos mais amplos de desenvolvimento. Essa visão integrada pode ser alcançada por meio de:

- **Início de diálogo entre os departamentos** dos diversos ministérios, estabelecendo, por exemplo, uma comissão permanente para integração de políticas públicas. Essa cooperação permitirá melhorar a coerência intersetorial e identificar os benefícios múltiplos derivados das decisões sobre políticas que possam impactar direta ou indiretamente os recursos hídricos. Nem sempre se reconhece que planos de recursos hídricos, como o PNSH, geram consequências que podem beneficiar ou impactar negativamente parte da sociedade, ou ainda, que podem estimular ou sufocar o crescimento econômico em diferentes áreas. Uma comissão permanente de planejamento integrado garantiria que o impacto dos planos fosse explicitamente levado em conta e que sinergias, lacunas e consequências adversas fossem identificadas. Ter em mente essa abordagem propiciaria investimentos mais eficientes, melhoraria a coordenação fragmentada entre instituições e asseguraria que a multiplicidade de planos fosse concentrada em entregar resultados positivos.
- **Ampliação do conceito de trabalho integrado para transformá-lo em prática rotineira.** Não há, atualmente, nenhum modelo institucional que promova uma visão integrada de planejamento envolvendo horizontalmente diferentes ministérios e, verticalmente, diferentes níveis de governo com intuito de superar a atual abordagem fragmentada e a falta de responsabilização. Cada nível de governo precisa ter a clara responsabilidade de comunicar seu papel e de desempenhá-lo.
- **Análise das implicações das decisões de políticas mais amplas** no abastecimento de água e no saneamento. É preciso adotar medidas proativas desde o estágio inicial do processo de planejamento, de modo que a água se torne um facilitador, ao invés de um desafio. As políticas públicas e a legislação para empreendimentos municipais precisam levar em consideração os impactos sobre os recursos hídricos, responsabilizando empreendedores e autoridades vinculadas aos empreendimentos pela demanda adicional colocada na infraestrutura hídrica, bem como pela garantia de que as construções atendam aos padrões de eficiência hídrica e minimização do escoamento superficial da água. Os instrumentos econômicos podem participar com vistas a garantir que o desenvolvimento seja devidamente monitorado e que esteja de acordo com as regras. A aplicação de penalidades pode ser necessária quando as normas forem ignoradas.

- **Tomada de decisão sobre política pública em nível de serviço** para abastecimento público e de outros setores-chave e para confirmar usos prioritários durante crises hídricas, além das prioridades de uso definidas pela Lei nº 9.433/1997 e modificadas pela Lei nº 14.026. O planejamento do abastecimento de água no Brasil é baseado na pior seca registrada nos registros hidrológicos, mas esse procedimento deixa de reconhecer que o efeito da pior seca nos sistemas de abastecimento de água ainda não ocorreu. Os conflitos entre usuários durante épocas de estresse hídrico provavelmente aumentarão, a menos que se tomem providências para controlá-los. Decisões de políticas públicas sobre níveis de serviço devem ser baseadas em amplas discussões que incluam temas como abastecimento público de água e outros setores-chave, e devem confirmar as prioridades setoriais durante crises hídricas.

Construindo capacidades

O relatório OCDE(2015[15]) demonstra que os estados brasileiros têm diferentes necessidades de capacitação e prioridades para a gestão de recursos hídricos. Os problemas podem estar relacionados à falta de pessoal, subfinanciamento, falta de aplicação (*enforcement*) e cumprimento (*compliance*) da lei e sistemas de informação incompletos sobre recursos hídricos. Especialmente em nível estadual, as decisões devem ser cumpridas e os planos devem ser elaborados com a participação dos usuários e da sociedade civil. Maior empoderamento e qualificação das agências estaduais de recursos hídricos podem ajudar a atingir esse objetivo e essas agências devem ser totalmente responsabilizadas pela implementação das decisões. Essa ênfase nos estados não deve excluir o papel dos Comitês de Bacia Hidrográfica nem o das agências, porém serve para traçar uma curva de aprendizado na qual os estados, à medida que se fortalecem, passarão a contribuir também para o fortalecimento das instituições de bacias hidrográficas. Na prática, é preciso agir em duas frentes para fortalecer as autoridades estaduais na gestão dos recursos hídricos: a técnica e a financeira.

É importante que, para a nova gestão da infraestrutura hídrica, os atores estaduais e municipais detenham a capacidade adequada de planejamento e de implementação. Isso implica:

- **Cuidar da capacidade técnica** por meio de programas de treinamento estruturados, em escala apropriada, para garantir a operação e a manutenção de sistemas de abastecimento de água e saneamento. As capacidades técnicas em nível municipal e estadual poderão ser desenvolvidas ou reforçadas para avaliar a eficácia e a eficiência do tratamento de água residual e do abastecimento de água potável de acordo com os padrões internacionais de qualidade de água potável, limites de poluição e custos de referência de outros países.
- **Desenvolver abordagens diferentes** em relação ao desenvolvimento de capacidades para garantir padrões consistentes de profissionais em todo o país.
- **Criar cursos de capacitação para membros de comitês de bacias** para ajudar a entender melhor as complexidades da gestão de recursos hídricos e as escolhas (*trade-offs*) envolvidas nas decisões. Por exemplo, quando há um grande número de partes interessadas em determinado setor, como o de irrigadores, a capacitação poderia ajudar a deixar claro que a associação de usuários seria capaz de representá-los e ter mais influência na tomada de decisão.
- **Criar mecanismos para compartilhar as melhores práticas** dentro e entre estados, juntamente com programas estruturados para o desenvolvimento profissional contínuo dos funcionários. Isso poderia ser feito por meio de redes e discussões virtuais para especialistas em disciplinas específicas, ou conferências ou oficinas (*workshops*) periódicos para apresentar estudos de caso e incentivar a aprendizagem entre colegas (*peer-to-peer*).
- **Analisar como as instituições** podem avaliar e reconhecer a competência e apoiar o desenvolvimento profissional contínuo.
- **Considerar os benefícios da fusão** de prestadores de serviços (como ocorreu em larga escala na Europa) para aumentar eficiências por meio de ganhos de escala e adoção de melhores

práticas. Os municípios, principalmente os menores, ficam vulneráveis quando competências técnicas são de conhecimento exclusivo de poucos indivíduos. Deste modo, recursos compartilhados e treinamentos coletivos podem melhorar a resiliência (Quadro 1.3).

Quadro 1.3. Aumentando a capacidade em nível subnacional na UE

Os 28 estados da União Europeia são, até certo ponto, análogos ao Brasil em relação aos diferentes níveis de capacidade de gestão da infraestrutura hídrica. Os padrões são estabelecidos de maneira centralizada, para uma ampla gama de critérios relacionados à água, como qualidade da água potável, qualidade das águas balneares, tratamento de águas residuais e condição ecológica dos rios. Os Estados-Membros têm diferentes níveis de conformidade. Seu desempenho está relacionado a sua capacidade e sua competência e aos fundos disponíveis para investir em melhorias. A água potável tratada chega a 96% da população (dados de 2015), mas a gestão dos efluentes de esgotos é mais variável. A cobertura de redes de esgoto chega a 92%, entretanto, apenas 82% dos efluentes são encaminhados para tratamento.

À medida que a UE avançava no lançamento de normas sobre o tratamento de águas residuais, tornou-se claro que, na maioria dos países, a responsabilidade por essa atividade recai sobre os municípios, que não têm capacidade nem competências técnicas para conduzi-la de forma eficaz. As ações para aumentar a capacidade incluíram:

- **Escala apropriada:** Em muitos países, houve a junção de vários municípios com intuito de atingir uma massa crítica capaz de proporcionar economias de escala. A França concentrou o trabalho de 35.000 municipalidades para 1.200 com o intuito de aumentar a eficiência. A Dinamarca seguiu caminho semelhante, reduzindo 1.350 municipalidades para 98, em 2008. Nos casos em que o tratamento de esgoto é privatizado, torna-se essencial que haja regulação efetiva independente, pois, caso contrário, a empresa prestadora do serviço usufrui dos benefícios, e o cliente arca com os riscos.
- **Apoio financeiro:** A UE fornece apoio financeiro, quando considera necessário, mas também impõe sanções – processos por infração – quando o desempenho é considerado fraco e quando há falta de compromisso para implementar melhorias. O uso de condicionantes para disponibilização de fundos destinados aos sistemas propostos, em nível estadual ou municipal, aumentou o grau de conformidade regulatória. A combinação de recompensas e sanções (*carrots and sticks*) foi muito eficaz na obtenção de melhorias significativas no acesso à água e ao saneamento, bem como na proteção e no aperfeiçoamento do ambiente hídrico em toda a Europa.

Fonte: OECD/ANA(2019-21[23]),"Oficina de Governança dos Recursos Hídricos".

Aprimorando a coleta e a análise de dados

Prever a demanda e desenvolver opções constituem a base do planejamento de segurança hídrica. No entanto, as projeções de crescimento populacional, urbanização, uso da água em residências e indústrias e demanda hídrica para irrigação estarão sempre sujeitas a incertezas significativas. Compreender o impacto dessas incertezas nas previsões é essencial para desenvolver um plano robusto e adaptável capaz de apresentar soluções custo-efetivas e gerenciar o risco de falha de abastecimento. As informações relevantes não devem ficar restritas a um único nível de governo e os atores dependem do conhecimento uns dos outros para disseminar informações entre as esferas de governo. Na prática, de acordo com o relatório OCDE (OECD, 2015[15]), os governos subnacionais tendem a ter mais informações que os nacionais a respeito das necessidades e das preferências locais, bem como a respeito da implementação e dos custos da aplicação das políticas públicas em nível local. A menos que eles gerem e publiquem essas informações, em tempo hábil, e as comuniquem ao nível federal, pode haver uma lacuna de informações (*information gap*). As visões do nível subnacional, no entanto, são apenas "parciais" – limitadas a uma área ou território específico. O governo federal, assim, desempenha papel indispensável na gestão da informação para promover uma visão mais ampla dos objetivos das políticas públicas. Essas informações também podem ser usadas para identificar as necessidades de capacitação. Mais uma vez, isso indica uma relação de dependência mútua. Para melhorar a coleta e a análise de dados, os esforços devem incluir:

- **Produzir e coletar bons dados** para o gerenciamento dos recursos hídricos e avaliar o potencial de diferentes opções além da infraestrutura cinza. O planejamento de segurança hídrica requer ampla gama de dados de diferentes disciplinas, como hidrologia, ecologia, demografia e ciências sociais. É essencial revisar a necessidade de dados para o planejamento da segurança do abastecimento de água e estabelecer os mecanismos para coletá-los e armazená-los, de modo que sejam facilmente acessíveis para uso, dentro de um processo de planejamento hídrico que leve em consideração as mudanças climáticas e adoção de uma abordagem dupla: a implementação de medidas de gestão do abastecimento e o desenvolvimento de alternativas de financiamento.
- **Melhorar os dados sobre a demanda hídrica** além dos dados históricos que têm sido usados para fins de planejamento. Há necessidade de mais e melhores dados sobre a demanda hídrica para melhorar os modelos de previsão. Os dados devem ser orientados para os objetivos. Em outras palavras, os dados devem ser coletados por um motivo específico, o que ajudará a garantir sua qualidade e sua consistência.
- **Integrar processos de coleta e planejamento de dados** com um objetivo geral claro. O planejamento de longo prazo (a cada 10 anos, com horizonte de 30 anos) já existe no setor energético e poderia servir de modelo para a água, que também precisaria garantir sua integração com estratégias de desenvolvimento nacional. Concentrar a supervisão em uma só entidade poderia ser benéfico.
- **Usar cenários** pode ajudar a entender o risco e a incerteza e que contingências poderão ser necessárias caso a realidade se distancie significativamente do plano. O PNSH apenas se estende até 2035 e utiliza registros históricos de precipitações e vazão como base para desenvolver os sistemas. As barragens e as adutoras construídas terão vida útil bem mais longa que essa data. Ao não se levar em consideração as mudanças climáticas, cria-se o risco de que as características de rendimento das fontes se alterem significativamente, comprometendo os benefícios do sistema e das opções escolhidas. O PNSH deve ser avaliado quanto ao risco, resiliência e incertezas utilizando cenários para diferentes níveis de demanda, para a disponibilidade hídrica considerando mudanças climáticas e com prazos compatíveis com a vida útil esperada da infraestrutura hídrica.
- **Usar a análise de custo-benefício** do desempenho da infraestrutura para definir se obras corretivas ou se melhorias de baixo custo são necessárias e se melhores sistemas de controle permitem melhor desempenho. A avaliação do custo-benefício para um novo sistema deve, portanto, considerar a opção "não fazer nada". Assim, seria possível avaliar se os custos de capital e os custos associados à O&M representam solução mais custo-efetiva e sustentável quando os recursos forem investidos na melhoria e na manutenção das infraestruturas existentes ou quando investidos na gestão da demanda, de modo a dispensar a necessidade de infraestrutura adicional.

Financiando a operação e a manutenção de infraestrutura hídrica multifuncional

O Brasil prioriza financiamento e gastos para novas infraestruturas em detrimento de O&M. O PSH indica que os R$ 27,58 bilhões de novos investimentos exigiriam um gasto médio anual de operação e manutenção de R$ 1,2 bilhão. É igualmente importante fazer a manutenção dos ativos existentes para que funcionem conforme o esperado e para que os riscos sejam minimizados. Um exemplo é a manutenção das 1.454 barragens consideradas de alto risco pelo Relatório de Segurança de Barragens da ANA (ANA, 2021[24]). O relatório apresentou informações do volume de 21.953 barragens, muitas das quais com alto risco de ruptura. Existem milhares (3.355 barragens de uso múltiplo) de pequenas barragens privadas (menos de 1 hm^3) e cerca de 400 barragens públicas grandes (mais de 10 hm^3). Entre as barragens públicas, 281 pertencem ao governo federal. Um total de 3.690 barragens são classificadas como de alto risco, com potencial de perda de vidas, em caso de rompimento, enquanto 1.161 barragens são simultaneamente classificadas como de alta periculosidade e alto risco. Problemas revelados pelo relatório incluem: deterioração do vertedouro, falhas no concreto, vazamentos, defeitos na tubulação e no talude. Grandes infraestruturas de irrigação, como canais de concreto, também estão se deteriorando. Essas barragens foram priorizadas para receber financiamento, mas os fundos públicos são altamente variáveis ano a ano, tornando o planejamento de consertos e de manutenção corrente muito problemático. Mesmo quando o financiamento foi incluído no orçamento, a despesa real atingiu 42% do montante disponível. Em 2020, foram orçados R$ 162 milhões para intervenções em segurança de barragens e R$ 58 milhões foram efetivamente utilizados, incluindo os gastos federais e estaduais.

Melhorar a O&M pode ser uma opção mais econômica que construir nova infraestrutura. O custo de manutenção é específico para cada ativo e depende de uma série de parâmetros tais como: o tipo de instalação (por exemplo, barragem, bomba, tubulação etc.), a idade das instalações, os materiais utilizados em sua construção etc. O custo tende a ser visto isoladamente e não se leva em consideração o custo do rompimento. A inspeção rotineira e a manutenção preventiva podem ajudar a evitar rompimentos dispendiosos e constituem uma despesa que deve ser avaliada como parte do processo de aprovação de qualquer nova infraestrutura. Além do financiamento pelo governo ou pelos proprietários e operadores de barragens (a maioria das barragens é operada pelo DNOCS e pela CODEVASF), outras opções de O&M incluem o pagamento pelos beneficiários ou novas fontes, como recreação ou geração de energia renovável. Ainda não há exemplo de diferentes modelos de financiamento desenvolvidos e é duvidoso o quão realista isso seria para o futuro próximo. O Quadro 1.4 apresenta visão geral dos financiamentos aplicados na União Europeia.

Entre os usuários de serviços hídricos, praticamente inexiste a cultura de pagar pelo benefício que recebem da infraestrutura associada. Mesmo quando há cobrança pelo uso da água, não fica claro se essa receita deverá ser gasta em O&M ou em novas instalações. O resultado é um subinvestimento progressivo em manutenção e a deterioração das condições das instalações, o que provavelmente anularia o benefício da nova infraestrutura. Em geral, como as barragens estão geralmente distantes da população atendida, isso resulta em falta de consciência sobre o verdadeiro custo do serviço, ou de disposição de custeá-lo. Uma exceção é Arroio Duro, no Rio Grande do Sul, onde os usuários assumiram a operação de um reservatório que beneficia comunidades locais e agricultores. Cobram uma taxa aos usuários para cobrir os custos operacionais. Opções de financiamento inovadoras também foram testadas, como o desenvolvimento de geração de energia solar flutuante, que pode ser uma opção de fonte de financiamento adicional para a O&M de barragens. Propõe-se que o licitante vencedor do direito de instalar energia solar flutuante assuma a responsabilidade pela O&M da barragem. O incentivo ao investimento nessa alternativa depende das condições estabelecidas na licitação, principalmente se houver um histórico de subutilização de recursos e se a condição da infraestrutura for problemática.

O relatório da OCDE (2017[25]) analisou como as cobranças pelo uso de recurso hídrico podem contribuir para os objetivos das políticas atuais e de longo prazo, oferecendo resultados para melhorar a gestão de recursos hídricos. O relatório apresentou um caso de mudança, identificou desafios para sua implementação e definiu um caminho a ser seguido. Uma conclusão fundamental foi que as cobranças pelo uso de recursos hídricos devem operar dentro de um regime regulatório eficaz e serem aplicadas para captações e descargas. Sem elas, a poluição, o desperdício e a má alocação dificultarão o crescimento econômico e as melhorias no bem-estar social. As cobranças pelo uso de recursos hídricos devem ser definidas e implementadas em coordenação com outros instrumentos de política pública, como regimes de alocação de recursos hídricos e metas de qualidade das águas. Cobranças bem planejadas podem influenciar o comportamento, porém devem ser aplicadas dentro de um regime claro de regulação, monitoramento e fiscalização. Os pagadores dessa cobrança precisam entender em que o dinheiro está sendo usado e como eles se beneficiarão das despesas. Definir as cobranças em um nível em que provavelmente atingirão os objetivos das políticas públicas é um desafio no Brasil. O grande problema é que os investimentos de capital planejados no Brasil exigem recursos financeiros muito maiores do que a receita potencial oriunda da cobrança pelo uso do recurso hídrico, que legalmente não pode ser utilizada para custeio operacional.

Sugere-se, então, desenvolver uma abordagem mais bem estruturada e mais explícita para o financiamento de O&M oriundo de diferentes fontes orçamentárias, bem como aplicação de cobranças aos beneficiários, alocação de recursos suficientes para manutenção periódica da infraestrutura e desenvolvimento da capacidade institucional. Na prática, um modelo funcional de financiamento e manutenção da infraestrutura hídrica, no contexto de políticas públicas mais integradas e coordenadas, poderia ser alcançado por meio de:

- **Esclarecimento da responsabilidade pela O&M**, transferindo-a para os governos estaduais, o que não ocorre atualmente, e aumento do envolvimento das partes interessadas.
- **Realização de manutenção preventiva** para que as instalações funcionem de forma mais confiável e sejam mais baratas que as instalações sem manutenção adequada e que falham repetidamente, no longo prazo . A implementação de programa de manutenção preventiva de rotina para as instalações de abastecimento e de águas residuais ajudaria a garantir o fornecimento dos serviços aos consumidores de forma confiável e dentro do planejamento.
- **Repasses federais aos estados e aos municípios condicionados à conformidade regulatória** e à operação e à manutenção efetivas da infraestrutura hídrica.
- **Uso de outros mecanismos de financiamento**, incluindo o uso de imposto territorial como mecanismo de financiamento de algumas infraestruturas hídricas, como para a gestão de riscos de inundações, e o potencial para empreendedores ajudarem a financiar os consequentes impactos hídricos. Existe o risco de que o financiamento da infraestrutura hídrica seja visto como responsabilidade de um departamento ou um ministério do governo. As instalações construídas podem, no entanto, proporcionar um benefício muito mais amplo. Dessa forma, pode-se justificar a criação de abordagem mais estruturada e explícita para o financiamento do desenvolvimento e a manutenção de infraestrutura hídrica por meio de diferentes fluxos orçamentários. A proporção de custos e de receita de uma fonte orçamentária que forneça benefícios à energia e à agricultura, por exemplo, poderia ser financiada pelo ministério do setor. Além disso, a aplicação de cobranças aos beneficiários finais poderia proporcionar um fluxo confiável de receitas. O financiamento de estruturas com múltiplos beneficiários dependeria de se estabelecer um processo ao qual todos os beneficiários pudessem pagar a sua parte. Embora a agricultura seja citada como setor que pode ter dificuldades em pagar, é importante distinguir a agricultura em grande escala, orientada para a exportação, e agricultores de subsistência. Pode ser necessária a existência de regimes diferenciados de cobrança que reflitam a capacidade de pagamento dos usuários. A forma como os subsídios agrícolas são direcionados deve ser revista como parte desse processo. Os municípios são obrigados a cobrar um imposto sobre a propriedade territorial rural, mas poucos o fazem, embora isso possa ser uma fonte de receita para financiar medidas de prevenção de inundações ou garantir o abastecimento durante as secas.
- **Aplicação de diferentes estruturas tarifárias** com base setorial ou geográfica (escassez). Nesse caso, algumas questões a serem consideradas são: o grau de escassez hídrica; o nível de sensibilidade ambiental e o grau de estresse ao ecossistema; a proporção de água usada que poderia ser reutilizada; e a qualidade dos efluentes. Também é fundamental que se identifiquem formas de proteger domicílios de baixa renda e vulneráveis por meio de subsídios cruzados, tarifas sociais, apoio à renda, reduções ou descontos especiais. Coloca-se a questão de saber se, em

um período de recuperação econômica, é viável que os fundos para a operação sustentável e manutenção da infraestrutura hídrica sejam mantidos pelo governo central ou se os usuários devem ser obrigados a pagar de acordo com o benefício que obtêm para financiar totalmente a O&M. Fazendo analogia com o Fundo de Coesão, na Europa, que dá apoio financeiro aos estados mais pobres, pode haver a oportunidade para um tratamento equivalente no Brasil: os usuários individuais que não conseguem pagar sua conta seriam subsidiados pelos outros. Os subsídios cruzados podem criar maior equidade, mas também podem criar tensões – assim como a diferença entre ricos e pobres.

- **Acordo sobre regras de restrição e fundo de compensação**: há um consenso geral de que o Brasil precisa ter planos prontos antes de uma crise, para que ações, responsabilidades e resultados desejados estejam claros em cada fase de uma seca; medidas de mitigação, estabelecidas; bem como regras de restrição de uso, acordadas. O processo para se fazer isso deve ser inclusivo e ter um sistema de governança formalizado. Por exemplo, podem-se incluir medidas acordadas de adaptação à seca, como regras para restrições a certos tipos de uso, à medida que a seca se agrave, possivelmente estabelecendo um fundo de compensação por meio de cobranças pelo uso de recurso hídrico para que os usuários com menor prioridade não sejam financeiramente prejudicados se sofrerem restrições durante uma seca. Esse processo deve ser inclusivo e ter a governança formalizada para assegurar que os fundos sejam utilizados exclusivamente para essa finalidade específica.
- **Estabelecimento de incentivos e penalidades** para garantir que a infraestrutura seja mantida e operada adequadamente. Secas e falhas de abastecimento têm custo econômico e social, tanto para as populações urbanas quanto para a agricultura, mas isso é difícil de quantificar. Há a percepção, por parte de alguns atores, de que as secas anteriores afetaram alguns setores de forma desigual (em particular, a agricultura), mas há pouca cultura de planejamento preventivo. Incentivos e penalidades podem ser necessários.
- **A revisão dos subsídios** é importante para entender se os subsídios agrícolas estão levando à má gestão de recursos hídricos ou à práticas agrícolas insustentáveis, que podem ter um impacto adverso sobre os recursos hídricos, como no caso de fertilizantes e biocidas que causam poluição. A extensão da aplicação do Programa Produtor de Água a mais bacias hidrográficas pode ser também considerada.
- **A melhoria da transparência** sobre a necessidade dessas decisões nos mais altos níveis de governo. A disponibilidade de financiamento será sempre um limitador para o nível de serviço desejado. No entanto, maior transparência sobre o serviço que está sendo prestado torna mais fácil avançar para níveis de cobrança que sejam suficientes e necessários para O&M e novos investimentos de capital.

Quadro 1.4. Apoio financeiro para infraestruturas hídricas na UE

Em toda a União Europeia existe apoio financeiro para infraestruturas hídricas. Para obtê-lo, é necessário que haja cobrança pela gestão dos recursos hídricos. No entanto, em alguns países, isso ainda não está totalmente desenvolvido. Alguns dos Estados Membros mais pobres, como a Romênia e a Bulgária, têm dificuldades de encontrar recursos para investir na melhoria ou no desenvolvimento de infraestruturas. Nesses casos, a UE pode subsidiar a atividade para entregar melhorias e garantir a coerência multinível das políticas públicas, a fim de reduzir as disparidades entre os Estados Membros no que diz respeito ao PIB per capita. O chamado "financiamento de coesão" de cerca de € 63 bilhões pode fornecer até 85% do investimento necessário para que o país alcance os padrões da UE, como no tratamento de águas residuais. No entanto, esse financiamento está condicionado, entre outros critérios, à existência de planos coerentes de gestão de bacias hidrográficas, que devem incluir planos de ação para entregar melhorias identificadas. Os países também devem aplicar tarifas. Em outras palavras, para que um país receba assistência financeira, deve parecer estar fazendo o seu melhor, dentro das limitações de sua economia, para alcançar a resiliência.

Fonte: OECD/ANA(2019-21[23]),"Oficina de Governança dos Recursos Hídricos".

Desenvolvendo a gestão da demanda

Técnicas de gestão de demanda, como educação e conscientização sobre oportunidades de economizar água em residências e empresas, geralmente, são alternativas de custo mais baixo que desenvolver grandes infraestruturas. Isso, no entanto, exige bons dados sobre o uso da água e comunicação eficaz com os usuários. Assim como a infraestrutura verde pode fornecer alternativas mais flexíveis e econômicas para difíceis soluções de engenharia (Quadro 1.5), a gestão da demanda pode oferecer uma alternativa às barragens e às transposições. No entanto, pode ser desafiador convencer usuários a ter mais consciência no uso da água, caso as perdas da rede de distribuição sejam altas. Reduzir os vazamentos não apenas disponibiliza mais água para o abastecimento, mas também transmite a mensagem de que o fornecedor leva a sério a necessidade de conservação da água. O desenvolvimento da gestão da demanda como componente essencial do abastecimento de água sustentável e resiliente inclui:

- **Compreender as ações** necessárias para gerir a demanda em diferentes setores, como indústria, agricultura e uso domiciliar.
- **Estabelecer mecanismos** para compartilhar recursos de forma equitativa e eficiente. Um bom começo seria avaliar os potenciais benefícios de diferentes técnicas de gestão da demanda e desenvolver estratégia de gestão de demanda e programa de comunicação para alcançar todos os setores, com um plano de entrega para implementar as ações com maior potencial.
- **Criar uma cultura de gestão de demanda** em que a água seja considerada um recurso escasso e valioso. Técnicas como o uso de tarifas ou a introdução de instalações, equipamentos e aparelhos mais eficientes, assim como educação e conscientização, podem ajudar a criar essa cultura. A aplicação de tarifas pode depender do uso, da escassez hídrica ou do impacto ambiental e deve haver salvaguardas para aqueles com dificuldades de pagar por um serviço essencial.
- **Definir metas de eficiência hídrica** para impulsionar as ações. Para que isso seja eficaz, no entanto, é preciso haver uma gestão coerente da demanda e uma estratégia de comunicação, bem como mecanismos acordados para alocação e cobrança equitativas.
- **Avaliar os potenciais benefícios de diferentes técnicas de gestão de demanda** e desenvolver uma estratégia de gestão e de comunicação para alcançar todos os setores, com um plano de

entrega para implementar prontamente as ações de maior potencial. Isso deve incluir um programa de redução de perdas com metas de desempenho, baseadas em boas práticas internacionais, juntamente com programas de conscientização para melhorar a eficiência dos processos industriais e agrícolas. A gestão da demanda doméstica poderia também incluir programas educativos e de conscientização, distribuição de equipamentos e assessórios eficientes, tais como chuveiros de baixa pressão, dispositivos de deslocamento de cisterna, melhoria das informações contidas nas etiquetas dos eletrodomésticos e envio de mensagens nas contas de água. Penalidades e incentivos regulatórios poderiam ser aplicados nas áreas com maior escassez hídrica.

Quadro 1.5. Experiência internacional em sair da gestão da oferta para a gestão da demanda

- A **Comissão Europeia** adotou a gestão de demanda como prioridade para a gestão de recursos hídricos, incluindo medidas de eficiência e políticas de preços eficazes. Além da precificação, várias técnicas podem ser usadas para melhorar a eficiência hídrica na agricultura, como alterar os padrões de cultivo e as datas de plantio e aperfeiçoar os sistemas de irrigação. Nas redes de distribuição, as taxas de vazamento chegam a 50% do volume de entrada (*input*) do sistema, com potencial de economia significativa. Outro desafio importante está relacionado ao uso da terra e às práticas agrícolas que ameaçam a qualidade e a quantidade da água. Grande parte dos problemas na qualidade da água em toda a Europa resulta de más práticas agrícolas. Em 2012, a Comissão Europeia preparou um projeto (*Blueprint*) para definir a agenda da política de recursos hídricos. O *Blueprint* demonstra o potencial de preservação de recursos hídricos e ecossistemas aquáticos, indica como a disponibilidade de água pode evoluir e sugere ferramentas para melhorar a alocação de água de acordo com as necessidades do ecossistema e com as metas de eficiência hídrica, levando em conta as incertezas sobre o desenvolvimento futuro, reduzindo risco e aumentando a resiliência dos ecossistemas. O *Blueprint* apresenta propostas de políticas e recomendações que definem a agenda da UE para recursos hídricos, em particular no âmbito da Estratégia Comum de Implementação da Diretiva-Quadro da Água (CIS).
- A região de **Múrcia**, no sudoeste da Espanha, é informalmente conhecida como "jardim da Europa". Um em cada dez produtos agroalimentares exportados pela Espanha provém desta região; 21,4% da riqueza da região e 28,4% do emprego total dependem direta e indiretamente do sector agroalimentar. Essa área é, portanto, muito ativa na produção agrícola, apesar de tradicionalmente sofrer estresse hídrico. A maior parte da água utilizada para irrigação é subterrânea (40,9% do total dos recursos hídricos utilizados pelo setor), e parte significativa da água superficial utilizada tem origem na transposição do Tejo-Segura. O déficit hídrico estimado para irrigar toda a área agrícola da região é de 143 hm^3/ano, aumentando para 303 hm^3/ano quando contabilizado o limiar de recarga natural do aquífero. Sem a transposição do Tejo-Segura, os dois déficits aumentam para 276 hm^3/ano (27,7% da demanda) e para 436 hm^3/ano (43,7% da demanda), respectivamente. Autoridades e institutos de pesquisa concordam que a vontade política é essencial para garantir a sustentabilidade dos recursos hídricos de forma economicamente viável, ao mesmo tempo em que se protege o meio ambiente. Na região, a boa cultura da água moldou o estilo de vida e a forma de trabalhar, o que levou a muitos esforços de coleta de informações, com reflexos na gestão sustentável da demanda, na gestão de incentivos aos usuários da água e no aproveitamento da tecnologia para aumentar a eficiência na gestão dos recursos hídricos.
- Nos últimos anos, o estado da **Califórnia** sofreu a seca mais longa de sua história, com duração de 376 semanas, começando em 27 de dezembro de 2011 e terminando em 5 de março de 2019. No entanto, enquanto a área cultivada da Califórnia decresceu durante a seca, a receita agrícola permaneceu alta, devido a uma série de respostas estratégicas. Os produtores, em particular, mudaram de cultivos, melhoraram suas práticas de irrigação, deixaram terras em pousio, envolveram-se em transposições, receberam pagamentos de seguros e bombearam mais água subterrânea. Essas estratégias ajudaram a proteger o setor agrícola de prejuízos durante a seca e contribuíram para que o estado apresentasse menor redução de empregos do que indicavam as projeções.

Com os crescentes desafios relacionados a mudanças climáticas, urbanização e crescimento demográfico, as soluções podem depender da coerência entre as políticas públicas em diferentes setores, como agricultura e alimentação. Por exemplo, a produção local e a proximidade, bem como uma política contra o desperdício de alimentos podem ter tido consequências na quantidade e na qualidade da água. Certamente, os impactos sobre o emprego em relação a uma política alimentar diferente (tanto interna quanto externa/exportação) devem ser levados em consideração e compensados. A questão é como dissociar o crescimento econômico dos danos ambientais quando o objetivo principal é permitir o desenvolvimento econômico do setor agrícola, que é responsável por 70% do consumo global de água, mas pouco contribui financeiramente.

Fonte: OECD(2021[26]), *Governança da Água no Peru*, https://doi.org/10.1787/568847b5-en.

Engajando as partes interessadas

Investir em infraestrutura natural pode contribuir para a gestão dos riscos de poluição, bem como pode dar apoio às baixas vazões. Mostrar os benefícios dos serviços ecossistêmicos, no entanto, é importante para conscientizar as partes interessadas e incentivá-las a participar. O uso de avaliação econômica dos ecossistemas como ferramenta de análise está aumentando, de modo que os tomadores de decisão podem ponderar os custos e os benefícios de alternativas para infraestrutura hídrica. Além disso, se as avaliações de serviços ecossistêmicos encorajarem as partes interessadas relevantes - como provedores de serviços de abastecimento de água, comunidades rurais e usuários agrícolas - a participar, então podem ser tomadas decisões mais bem informadas e baseadas em consenso. O aprimoramento do envolvimento das partes interessadas para a tomada de decisões inclusiva pode ser alcançado por meio de:

- **Maior participação das partes interessadas nas decisões operacionais e de investimento**, o que pode implicar o desenvolvimento da capacidade dos comitês de bacias hidrográficas existentes. Quando há um grande número de interessados em um determinado setor, como os irrigadores, e caso pertençam a uma associação de usuários, provavelmente terão mais influência na tomada de decisão. Em algumas áreas, pode ser possível avançar para grupos de usuários colaborativos ou grupos de usuários cooperativos que são responsáveis pelo financiamento da operação e da manutenção da infraestrutura e pelo monitoramento da conformidade com as regras acordadas. Há o reconhecimento de que, em alguns estados, se os comitês de bacias hidrográficas fossem cumprir esse papel, haveria falta de capacidade (*capacity*) e qualificação técnica, e que essas precisariam ser desenvolvidas. Para que o diálogo seja eficaz, também seria necessário haver políticas setoriais claras para determinar as prioridades, o nível de financiamento e o padrão de serviço para cada setor.
- **Consulta e engajamento das partes interessadas na regulação e na gestão de cada sistema**, com funções e responsabilidades claramente identificadas. Isso ajudará a garantir que as mudanças na demanda e na disponibilidade hídrica sejam gerenciadas de forma sustentável e transparente. Com o tempo, a experiência na operação de um grande sistema de recursos hídricos identificará maneiras pelas quais a operação e a gestão podem ser aprimoradas e tornadas mais responsivas às mudanças na demanda dos usuários ou às flutuações da disponibilidade hídrica. Além disso, à medida que os consumidores entendam a estrutura regulatória, a conformidade deve melhorar e criar a possibilidade de uma regulação mais "leve".

References

ANA (2021), *Brazil Water Resources Conjuncture Report*, https://relatorio-conjuntura-ana-2021.webflow.io/ (accessed on 7 January 2022). [1]

ANA (2021), *Dam Safety Report 2021*, Agência Nacional de Águas, https://www.snisb.gov.br/relatorio-anual-de-seguranca-de-barragem/2021. [24]

ANA (2021), *Water Work Sustainability Assessment Certificate - CERTOH*, Agência Nacional de Águas, https://www.gov.br/ana/pt-br/assuntos/seguranca-hidrica/certoh (accessed on 15 December 2021). [8]

ANA (2019), *Plano Nacional de Segurança Hídrica*, Agência Nacional de Águas, https://pnsh.ana.gov.br/home. [10]

ANA/MDR (2019), *National Water Security Plan - PNSH*, https://pnsh.ana.gov.br/pdf/ingles.pdf. [9]

EC (2013), *Building a Green Infrastructure for Europe*, European Commission, https://ec.europa.eu/environment/nature/ecosystems/docs/green_infrastructure_broc.pdf. [18]

ECLAC (2012), *Population, Territory and Sustainable Development*, Economic Commission for Latin America and the Caribbean. [3]

Government of the Federal District (2017), *Water crisis leads government to declare emergency situation*, https://agenciabrasilia.df.gov.br/2017/01/25/crise-hidrica-leva-governo-a-decretar-situacao-de-emergencia/ (accessed on 15 December 2021). [27]

IBGE (2015), *National Sample Survey of Households*, tituto Brasileiro de Geografia e Estatística, https://biblioteca.ibge.gov.br/visualizacao/livros/liv98887.pdf. [2]

KPMG/ABICON (2020), *Quanto Custa Universalizar o Saneamento no Brasil*, https://conteudo.abconsindcon.com.br/kpmg. [12]

McDonald, R. and D. Shemie (2014), *Urban Water Blueprint: Mapping Conservation Solutions to the Global Water Challenge*, The Nature Conservancy, https://www.nature.org/content/dam/tnc/nature/en/documents/Urban_Water_Blueprint.pdf. [21]

MDR (2020), *National Sanitation Information System - SINIS*, http://www.snis.gov.br/painel-informacoes-saneamento-brasil/web/painel-esgotamento-sanitario. [7]

Ministry of Regional Development (2021), *Departamento Nacional de Obras Contra as Secas*, https://www.gov.br/dnocs/pt-br. [17]

Ministry of Regional Development (2021), *Perguntas Frequentes (Frequent Questions)*, https://www.codevasf.gov.br/acesso-a-informacao/perguntas-frequentes. [16]

MRD (2019), *PLANSAB, 2019. National Sanitation Plan*, https://antigo.mdr.gov.br/images/stories/ArquivosSDRU/ArquivosPDF/Versao_Conselhos_Resolu%C3%A7%C3%A3o_Alta_-_Capa_Atualizada.pdf. [11]

OECD (2021), *Water Governance in Peru*, OECD Studies on Water, OECD Publishing, Paris, https://dx.doi.org/10.1787/568847b5-en. [26]

OECD (2017), *Water Charges in Brazil: The Ways Forward*, OECD Studies on Water, OECD Publishing, Paris, https://dx.doi.org/10.1787/9789264285712-en. [25]

OECD (2015), *OECD Principles on Water Governance*, OECD, Paris, http://www.oecd.org/cfe/regional-policy/OECD-Principles-on-Water-Governance.pdf. [14]

OECD (2015), *Water and Cities: Ensuring Sustainable Futures*, OECD Studies on Water, OECD Publishing, paris, http://dx.doi.org/10.1787/9789264230149-en. [22]

OECD (2015), *Water Resources Allocation: Sharing Risks and Opportunities*, OECD Studies on Water, OECD Publishing, Paris, https://doi.org/10.1787/9789264229631-en. [13]

OECD (2015), *Water Resources Governance in Brazil*, OECD Studies on Water, OECD Publishing, Paris, https://dx.doi.org/10.1787/9789264238121-en. [15]

OECD (2013), "Barriers to, and Incentives for, the Adoption of Green Water Infrastructure", OECD, Paris. [20]

OECD/ANA (2019-21), "Water Governance Workshops". [23]

Siwi/Unicef/World Bank (2020), "The fundamental role of sanitation and hygiene promotion in the response to to Covid-19 in Brazil", https://documents1.worldbank.org/curated/en/998851596650728051/pdf/O-Papel-Fundamental-do-Saneamento-e-da-Promocao-da-Higiene-na-Resposta-a-Covid-19-no-Brasil.pdf. [5]

Trata Brasil (2020), "Future demand for treated water in Brazilian cities - 2017 to 2040". [4]

UNEP (2014), *Green Infrastructure Guide for Water Management: Ecosystem-based Management Approaches for Water-related Infrastructure Projects*, United Nations Environment Programme. [19]

WHO/UNICEF (2021), *Joint Monitoring Programme for Water Supply and Sanitation*, https://washdata.org/ (accessed on 17 December 2021). [6]

Anexo 1.A. Plano de ação

As tabelas resumem as principais ações apresentadas no Capítulo 1.

Tabela do anexo 1.A.1. Gerindo a infraestrutura hídrica para maior resiliência

Fortalecer governança e arranjos institucionais	Reforçar a relação entre todas as instituições relevantes. O Ministério do Desenvolvimento Regional, ao qual pertence a ANA, deve ter papel central em relação à infraestrutura hídrica, com o engajamento de entidades simultaneamente relevantes para a gestão dos recursos hídricos e para o desenvolvimento social e econômico do país, como a CODEVASF (Companhia de Desenvolvimento dos Vales de São Francisco e Parnaíba) e DNOCS (Departamento Nacional de Obras contra as Secas), ambas vinculadas ao Ministério do Desenvolvimento Regional .
	Estabelecer a base jurídica para a infraestrutura verde e para o engajamento estratégico entre setores. A extensão da política pública de infraestrutura verde como medida de adaptação às mudanças climáticas precisa ser acordada entre os Ministérios que lidam com a temática. O planejamento, o financiamento e a entrega de infraestrutura verde devem ser conduzidos de maneira mais formal, com apoio legislativo e orçamentário e com clareza sobre a responsabilização (*accountability*), a depender da natureza do sistema. Um portfólio otimizado de infraestrutura cinza e verde é essencial para construir e manter a segurança hídrica e a resiliência.
Visar a resiliência	Incluir os piores cenários em relação ao impacto potencial das mudanças climáticas e aos níveis de demanda hídrica futura. A ANA tem avançado no entendimento e na gestão de riscos para o abastecimento de água e agora essa nova abordagem precisa incluir a reflexão sobre a resiliência para que a duração e a magnitude das falhas sejam minimizadas. Essa avaliação deve constar no planejamento do uso dos recursos hídricos, no sentido de "esperar o melhor, mas preparar-se para o pior". Isso ajudará identificar lacunas (gaps) na capacitação e nas capacidades técnicas que precisam ser aprimoradas e em que os gastos devem ser priorizados.
	Avaliar as vulnerabilidades dos sistemas a choques como secas mais extremas que as esperadas, ataques cibernéticos ou falhas de telemetria. Além disso, é fundamental considerar as medidas implementadas para mitigar os impactos.
	Garantir maior confiabilidade e resiliência dos sistemas de abastecimento existentes, bem como introduzir fontes hídricas alternativas que sejam menos vulneráveis à seca.
	Desenvolver planos de gestão de seca para instalações novas e existentes. É importante desenvolver planos de gestão de secas que estabeleçam responsabilidades e ações previamente acordadas com as partes interessadas em todos os setores. Os planos ajudariam a controlar a demanda, com gatilhos definidos à medida que a seca se intensificar. Independentemente do local onde os recursos emergenciais sejam utilizados, é preciso que se acordem as condições para seu uso e as medidas de mitigação que compensem os impactos ambientais e sociais. Os planos de gestão de seca contribuem para que se avance na gestão de crise e de risco, uma vez que demandam avaliações de risco, monitoramento e tomada de decisão baseados em uma série de indicadores.
Garantir a coerência de políticas	Iniciar diálogo entre os departamentos dos diversos ministérios, estabelecendo, por exemplo, uma comissão permanente para integração de políticas públicas. Essa cooperação permitirá melhorar a coerência intersetorial e identificar benefícios múltiplos derivados das decisões sobre políticas públicas que possam impactar direta ou indiretamente o setor de recursos hídricos. Uma comissão permanente de planejamento integrado garantiria que o impacto dos planos fosse explicitamente levado em conta e que sinergias, lacunas e consequências adversas fossem identificadas.
	Ampliar o conceito de trabalho integrado para transformá-lo em prática rotineira. Não há, atualmente, nenhum modelo institucional que promova uma visão integrada de planejamento envolvendo diferentes ministérios e diferentes níveis de governo com intuito de superar a atual abordagem fragmentada e a falta de clara responsabilização. Cada nível de governo precisa ter a responsabilidade de comunicar seu papel e de desempenhá-lo.
	Analisar as implicações das decisões de políticas mais amplas no abastecimento de água e no esgotamento sanitário, de modo que medidas proativas sejam adotadas desde o estágio inicial do processo de planejamento e que a água se torne um facilitador, ao invés de um desafio. As políticas públicas e a legislação para empreendimentos municipais precisam levar em consideração os impactos sobre os recursos hídricos, responsabilizando empreendedores e autoridades vinculadas aos empreendimentos pela demanda adicional colocada na infraestrutura hídrica, bem como pela garantia de que as construções atendam aos padrões de eficiência hídrica e escoamento superficial da água.
	Tomar uma decisão de política pública sobre os níveis de serviço para o abastecimento público de água e outros setores-chave (isto é, uma frequência aceitável de falha, como durante uma seca que ocorra uma vez por século) e confirmar prioridades setoriais durante crises hídricas, além das já definidas pela Lei n.º 9.433/1997, alterada pela Lei nº 14.026.
Construir capacidades	Cuidar da capacidade técnica por meio de programas de treinamento estruturados, em escala apropriada, para garantir a operação e a manutenção de sistemas de abastecimento de água e processos de tratamento. As capacidades técnicas em nível municipal e estadual poderão ser desenvolvidas ou reforçadas para avaliar a eficácia e a eficiência do tratamento de água residual e do abastecimento de água potável de acordo com os padrões internacionais de qualidade de água, limites

	de poluição e custos de referência de outros países.
	Desenvolver diferentes abordagens referentes ao desenvolvimento de capacitação para garantir padrões profissionais consistentes em todo o país.
	Cursos de capacitação para membros dos comitês de bacias hidrográficas ajudariam a entender melhor as complexidades da gestão de recursos hídricos e os trade-offs envolvidos nas decisões. Por exemplo, quando há um grande número de partes interessadas em determinado setor, como o de irrigadores, a capacitação poderia ajudar a deixar claro que a associação de usuários seria capaz de representá-los e ter mais influência na tomada de decisão.
	Estabelecer mecanismos para compartilhar as melhores práticas entre estados, paralelamente a programas estruturados para o desenvolvimento continuado de profissionais e de recursos humanos. Isso pode ser feito por meio de redes virtuais, foros de discussão de especialistas em disciplinas específicas, conferências ou oficinas periódicas para apresentação de estudos de caso e disseminar conhecimento entre pares (peer-to-peer).
	Analisar como as instituições profissionais podem avaliar e reconhecer a competência e apoiar o desenvolvimento profissional contínuo.
	Considerar os benefícios da fusão de prestadores de serviços para aumentar a eficiência por meio de maiores economias de escala e adoção de melhores práticas. Os municípios, principalmente os menores, ficam vulneráveis quando competências técnicas são de conhecimento exclusivo de poucos indivíduos, de modo que recursos compartilhados e treinamentos coletivos podem melhorar a resiliência.
Melhorar a coleta e a análise de dados	Produzir e coletar bons dados para gerenciar os recursos hídricos e avaliar o potencial de diferentes opções além da infraestrutura cinza. O planejamento de segurança hídrica requer uma ampla gama de dados de diferentes disciplinas, como hidrologia, ecologia, demografia e ciências sociais. É essencial revisar a necessidade de dados para o planejamento da segurança do abastecimento de água e estabelecer os mecanismos para coletá-los e armazená-los, de modo que sejam facilmente acessíveis para uso dentro de um processo de planejamento hídrico que leve em consideração as mudanças climáticas e adoção de uma abordagem dupla: a implementação de medidas de gestão do abastecimento e o desenvolvimento de alternativas de financiamento.
	Integrar os processos de coleta e planejamento de dados com um objetivo geral claro. O planejamento de longo prazo (a cada 10 anos, com horizonte de 30 anos) já existe no setor de energia e poderia servir de modelo para o setor de água, que também precisaria garantir que está integrado com estratégias de desenvolvimento nacional. Concentrar a supervisão em uma só entidade poderia ser benéfico.
	Usar cenários pode ajudar a entender o risco e a incerteza e que contingências poderão ser necessárias, caso a realidade se distancie significativamente do plano. O PNSH deve ser avaliado quanto a risco, resiliência e incertezas utilizando cenários com diferentes níveis de demanda, com a disponibilidade hídrica considerando mudanças climáticas e com prazos compatíveis com a vida-útil esperada da infraestrutura hídrica.
	A análise de custo-benefício do desempenho da infraestrutura deve ser realizada para definir se obras corretivas ou se melhorias de baixo custo são necessárias. Sistemas melhores de controle permitirão melhor desempenho. A avaliação do custo-benefício para um novo sistema deve, portanto, considerar a opção "Não fazer nada". Assim, seria possível avaliar se os custos de capital e os custos associados a O&M representam solução mais custo-efetiva e sustentável, se forem investidos na melhoria e na manutenção das infraestruturas existentes ou na gestão da demanda, de modo a dispensar a necessidade de infraestrutura adicional.
Financiar a operação e a manutenção de infraestrutura hídrica multifuncional	Esclarecer a responsabilidade pela O&M, transferi-la para os governos estaduais, como não ocorre atualmente, e aumentar o envolvimento das partes interessadas.
	Realizar manutenção preventiva para que as instalações funcionem de forma mais confiável e sejam mais baratas no longo prazo do que as instalações que não forem mantidas adequadamente e falham repetidamente. A implementação de programa de manutenção preventiva rotineira para as instalações de abastecimento e de águas residuais ajudaria a garantir o fornecimento dos serviços aos consumidores, de forma confiável e em nível planejado.
	Condicionar os repasses federais aos estados e aos municípios à conformidade regulatória e à operação e à manutenção efetivas da infraestrutura hídrica.
	Explorar o uso de outros mecanismos de financiamento, incluindo o uso de imposto territorial como mecanismo de financiamento de algumas infraestruturas hídricas, como para a gestão de riscos de inundações e o potencial para os empreendedores ajudarem a financiar os consequentes impactos hídricos. Existe o risco de que o financiamento da infraestrutura hídrica seja visto como responsabilidade de um departamento ou ministério do governo. As instalações construídas podem, no entanto, proporcionar um benefício muito mais amplo. Dessa forma, pode-se justificar a criação de abordagem mais estruturada e explícita para o financiamento do desenvolvimento e a manutenção de infraestrutura hídrica por meio de diferentes fluxos orçamentários.
	Aplicar diferentes estruturas tarifárias com base setorial ou geográfica (escassez). Nesse caso, algumas questões a serem consideradas são: o grau de escassez hídrica; o nível de sensibilidade ambiental e o grau de estresse ao ecossistema; a proporção de água usada que retornou a um local onde poderia ser reutilizada; e a qualidade dos efluentes. Também é fundamental que se identifiquem formas de proteger domicílios de baixa renda e vulneráveis por meio de subsídios cruzados, tarifas sociais, apoio à renda, reduções ou descontos especiais.
	Acordar regras de restrição e fundo de compensação: há um consenso geral de que o Brasil precisa ter planos prontos antes de uma crise, para que ações, responsabilidades e resultados desejados estejam claros em cada fase de uma seca; medidas de mitigação, estabelecidas; bem como regras de restrição de uso, acordadas. O processo para fazer isso deve ser inclusivo e ter um sistema de governança formalizado.

	Estabelecer incentivos e penalidades para garantir que a infraestrutura seja mantida e operada adequadamente. Secas e falhas de abastecimento têm um custo econômico e social, tanto para as populações urbanas quanto para as agrícola, mas isso é difícil de quantificar. Há a percepção, por parte de alguns atores, de que as secas anteriores afetaram alguns setores de forma desigual (em particular, a agricultura), mas há pouca cultura de planejamento preventivo. Incentivos e penalidades podem ser necessários.
	Revisão de subsídios é importante para entender se os subsídios agrícolas estão levando a má gestão de recursos hídricos ou a práticas agrícolas insustentáveis, que podem ter um impacto adverso sobre os recursos hídricos, como no caso de fertilizantes e biocidas que causam poluição. A extensão da aplicação do Programa Produtor de Água a mais bacias hidrográficas pode ser também considerado.
	Melhorar a transparência sobre a necessidade dessas decisões nos mais altos níveis de governo. A disponibilidade de financiamento será sempre um limitador para o nível de serviço desejado. Porém, maior transparência sobre o serviço que está sendo prestado torna mais fácil avançar para níveis de cobrança que sejam suficientes e necessários para O&M e novos investimentos de capital.
Desenvolver gestão de demanda	Compreender as ações necessárias para gerir a demanda em diferentes setores, como indústria, agricultura e uso domiciliar.
	Estabelecer mecanismos para compartilhar recursos de forma equitativa e eficiente. Um bom começo seria avaliar os potenciais benefícios de diferentes técnicas de gestão da demanda e desenvolver estratégia de gestão de demanda e programa de comunicação para alcançar todos os setores, com um plano de entrega para implementar, prontamente, as ações com maior potencial.
	Criar uma cultura de gestão de demanda em que a água seja considerada um recurso escasso e valioso. Técnicas como o uso de tarifas ou a introdução de instalações, equipamentos e aparelhos mais eficientes, assim como educação e conscientização, podem ajudar a criar essa cultura. A aplicação de tarifas pode depender do uso, da escassez hídrica ou do impacto ambiental, e deve haver salvaguardas para aqueles com dificuldades de pagar por um serviço essencial.
	Definir metas de eficiência hídrica para impulsionar as ações. Para que isso seja eficaz, no entanto, é preciso haver uma gestão coerente da demanda e uma estratégia de comunicação bem como mecanismos acordados para alocação e cobrança equitativas.
	Avaliar os benefícios potenciais de diferentes técnicas de gestão da demanda e desenvolver estratégia de gestão da demanda e programa de comunicação que alcance todos os setores, com um plano de implementação das ações com maior potencial. Isso deve incluir um programa de redução de perdas com metas de desempenho, baseadas em boas práticas internacionais, juntamente com programas de conscientização para melhorar a eficiência dos processos industriais e agrícolas. A gestão da demanda doméstica poderia também incluir programas educativos e de conscientização, distribuição equipamentos e assessórios eficientes, tais como chuveiros de baixa pressão, dispositivos de deslocamento de cisterna, melhorar as informações contidas nas etiquetas dos eletrodomésticos e envio de mensagens nas contas de água. Penalidades e incentivos regulatórios poderiam ser aplicados nas áreas com maior escassez hídrica.
Envolver as partes interessadas	Estimular maior participação das partes interessadas nas decisões operacionais e de investimento, o que pode implicar o desenvolvimento da capacidade dos comitês de bacias hidrográficas existentes. Quando há grande número de interessados em determinado setor, como os irrigadores, caso eles pertençam a uma associação de usuários, provavelmente terão mais influência na tomada de decisão. Para que o diálogo seja eficaz, também seria necessário haver políticas setoriais claras para determinar as prioridades e definir o nível de financiamento e o padrão de serviço para cada setor.
	Facilitar a consulta e o envolvimento das partes interessadas na regulação e na gestão de cada sistema , com funções e responsabilidades claramente identificadas. Isso ajudará a garantir que as mudanças na demanda e na disponibilidade hídrica sejam gerenciadas de forma sustentável e transparente.

Nota

[1] A infraestrutura verde (GI, sigla em inglês) é uma solução baseada na natureza que abrange todas as ações que dependem dos ecossistemas e os serviços que produzem com vistas a responder aos vários desafios da sociedade, tais como as mudanças climáticas, a insegurança alimentar ou o risco de desastre.

2 Fortalecendo a governança multinível e o uso de instrumentos econômicos na bacia hidrográfica do rio Piancó Piranhas-Açu

Este capítulo mergulha a fundo no caso específico da Bacia Hidrográfica do Rio Piancó-Piranhas-Açu como um estudo de caso para enfrentar desafios mais amplos de governança e financiamento na gestão de recursos hídricos no Brasil. Devido a suas características econômicas e hidrológicas, a Bacia Hidrográfica do rio Piancó-Piranhas-Açu é frágil para assegurar o abastecimento de água atual e futuro. Apesar da existência de estrutura institucional e jurídica robusta, as lacunas na implementação ainda não asseguram que arranjos de governança cumpram funções da gestão dos recursos hídricos. Este capítulo sugere opções para o aperfeiçoamento da governança multinível, em nível de bacia, bem como o uso de instrumentos econômicos na implementação do Projeto de Integração do Rio São Francisco (PISF), que já está levando água à bacia e trará mudanças substanciais para panorama da gestão dos recursos hídricos.

Características hidrológicas da Bacia Hidrográfica do rio Piancó-Piranhas-Açu

A bacia hidrográfica interestadual do rio Piancó-Piranhas-Açu (PPA) cobre uma área de 46.683 km^2 em um território semiárido da região Nordeste do Brasil (Figura 2.1). A bacia do PPA abriga 1,4 milhão de pessoas em 43.000 km^2, em parte dos estados da Paraíba (60% da bacia) e do Rio Grande do Norte (40%) (IBGE, 2011[1]).

Figura 2.1. A Bacia Hidrográfica do rio Piancó-Piranhas-Açu

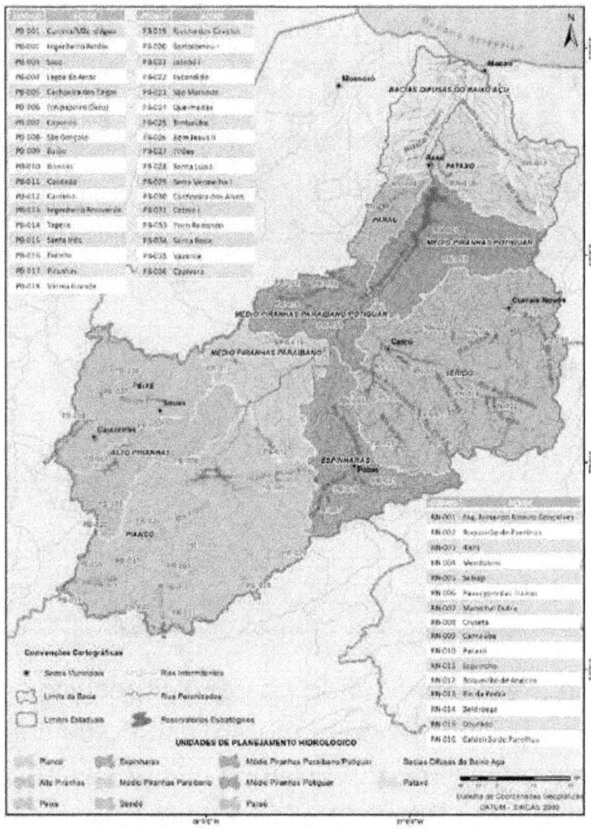

Fonte: ANA(2016[2]), "Plano de recursos hídricos da bacia hidrográfica do rio Piancó-Piranhas-Açu", http://piranhasacu.ana.gov.br/produtos/PRH_PiancoPiranhasAcu_ResumoExecutivo_30062016.pdf.

Devido a suas características socioeconômicas e hidrológicas, essa bacia é muito frágil para garantir o abastecimento de água atual e futuro. A hidroclimatologia da bacia é caracterizada por uma estação chuvosa que vai de janeiro a junho (a taxa pluviométrica anual varia entre 440 e 1.050 mm) e pela ausência de chuvas no restante do ano, combinada a uma seca plurianual, que ocorre periodicamente. De 2012 a 2020, a bacia viveu um de seus piores períodos de severa seca plurianual (de Sousa Freitas, 2021[3]). A maioria dos rios é intermitente. Assim, quase todo o abastecimento de água advém de diversos reservatórios que totalizam uma capacidade de armazenamento de 5.352 hm³. Alguns destes reservatórios operam para manter a vazão dos rios e servem como fonte de água para irrigantes, abastecimento público e outros fins.

Existem três reservatórios principais na bacia dos rios PPA, a saber o Curema-Mãe d'Agua (CMA, 1,160 hm^3), o Armando Ribeiro Gonçalves (ARG, 2,400 hm^3) e o Engenheiro Ávidos (EA, 400 hm^3), correspondendo a 70% da capacidade de armazenamento de água superficial da bacia (5.659 hm^3) (Figura 2.2). O CMA fornece água ao distrito de irrigação de Várzea de Souza (2.610 hectares de áreas irrigadas, além de abastecer duas cidades que totalizam 65.000 habitantes) e regulariza a vazão em uma porção do rio a jusante de 165 km, que serve como fonte de água a 465.000 habitantes e a mais de 4.000 hectares de área irrigada em 1.250 fazendas. O ARG é a fonte de água direta para extensos sistemas de tubulação, que fornecem água a muitas cidades, totalizando 400.000 habitantes, dentro e fora da bacia. Além disso, regulariza a vazão em uma área de 70 km a jusante, fornecendo água ao Distrito de Irrigação do Baixo Açu (2.400 hectares da área irrigada) e 3.766 hectares das fazendas irrigadas captam água do rio, e diversas fazendas de aqüicultura (principalmente produtoras de camarões), que totalizam 630 hectares em área de tanques para piscicultura. Em 2012, havia 54,4 mil hectares de terra irrigada, correspondendo a 1,3% da área de drenagem da bacia hidrográfica. As principais áreas de agricultura temporárias produzem soja e milho; enquanto as áreas de agricultura permanentes, banana e coco (ANA, 2016[2]).

Figura 2.2. Sistemas de reservatórios na Bacia Hidrográfica do Rio Piancó-Piranhas-Açu

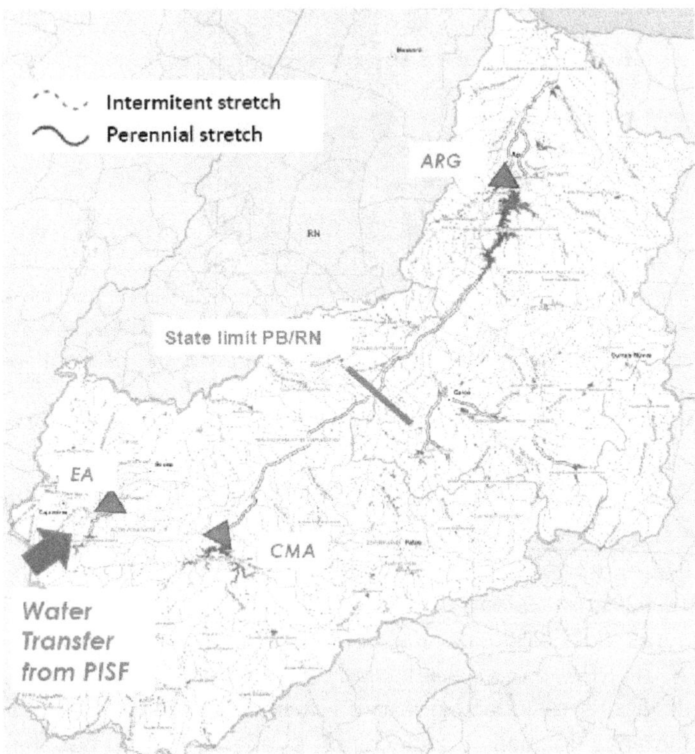

Fonte: ANA (2016[2]), *Plano de recursos hídricos da bacia hidrográfica do rio Piancó-Piranhas-Açu - Resumo executivo*, http://piranhasacu.ana.gov.br/produtos/PRH_PiancoPiranhasAcu_ResumoExecutivo_30062016.pdf.

Apesar da existência dos reservatórios, 60% (31 de 52) das unidades hidrológicas de planejamento[1] na Bacia Hidrográfica do PPA apresentam desequilíbrio entre a oferta e a demanda (ANA, 2016[2]). Os recursos hídricos dos aquíferos da bacia são limitados (uma recarga anual de 458 hm^3, equivalente a 8% da água armazenada nos reservatórios) e pouco utilizados (93 hm^3 ou 20% da recarga anual). A irrigação corresponde a dois terços da demanda hídrica; a aquicultura, a 22%; o abastecimento público, a 7%; indústria e pecuária dividem os 4% restantes (ANA, 2016[2]). Há falta de investimentos em segurança hídrica (por exemplo: represas, reservatórios, coleta e tratamento) devido à capacidade limitada de investimento na bacia. Consequentemente, são necessárias medidas focadas na melhoria da resiliência da bacia, na resolução de questões de abastecimento e poluição e na concorrência entre os consumidores.

A agricultura irrigada é uma das principais atividades econômicas e tem sido chave no desenvolvimento regional desde a década de 1970. A área irrigada é de aproximadamente 81.000 hectares (IBGE, 2006[4]). Os irrigantes são os principais consumidores de água (65,7%), seguidos da aquicultura (23,6%), do consumo humano (7,6%), da indústria (1,6%) e da pecuária (1,5%) (Figura 2.3).

Figura 2.3. Usos da água na Bacia Hidrográfica dos Rios Piancó-Piranhas-Açu, por setor

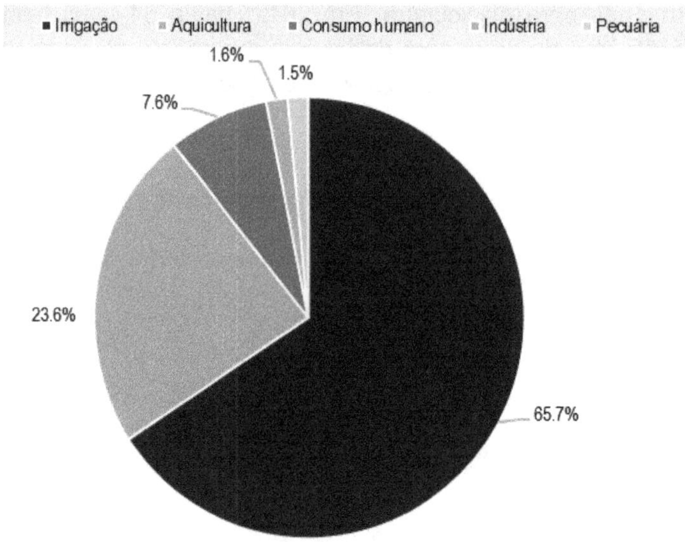

Fonte: ANA (2014[5]), Cadernos de Capacitação em Recursos Hídricos - Volume 07: Cobrança pelo uso de recursos hídricos, https://capacitacao.ana.gov.br/conhecerh/handle/ana/10 and CBH PPA(n.d.[6]), Relatório, http://cbhpiancopiranhasacu.org.br/docs/relatorio/tdrplanopiranhasacu_final-1.pdf.

A poluição da água é um desafio significativo para a Bacia Hidrográfica do Rio Piancó-Piranhas-Açu devido ao tratamento insuficiente de esgoto e escoamento de fertilizantes (ANA, 2014[5]; ANA, 2016[7]; IBGE, 2006[4]; IBGE, 2011[1]). Aproximadamente, 96% da população urbana têm acesso à água potável no Estado da Paraíba; e 92%, no Estado do Rio Grande do Norte. No entanto, as taxas de coleta de esgoto são muito menores no Estado da Paraíba (2,46%) e no Estado do Rio Grande do Norte (13,95%)(ANA, 2014[5])(CBH PPA, n.d.[6]). A principal causa da poluição da água nessa área é a falta de tratamento adequado de águas residuais, que é de responsabilidade dos municípios. Os municípios enfrentam limitações (humanas, técnicas e financeiras) e, apesar de seu papel importante na gestão do saneamento, incluindo licenciamento ambiental e gestão de resíduos sólidos, eles raramente participam de reuniões dos Comitês de Bacia Hidrográfica. O fraco engajamento dos municípios na gestão dos recursos hídricos, que é comum no Brasil, prejudica qualquer visão estratégica para a Bacia. Além disso, a cultura de bacia permite o uso dos rios para despejo de efluentes líquidos e sólidos. Há programas, em nível federal, para apoiar os municípios no setor de saneamento, que é de sua responsabilidade.

Aumentando a segurança hídrica por meio do Projeto de Integração do São Francisco

Um projeto ambicioso de infraestrutura

A transposição do rio São Francisco, conhecida como Projeto de Integração do rio São Francisco (PISF), reduzirá a incerteza sobre a disponibilidade de água no PPA. Em 2007, o Brasil lançou o PISF e começou a construir sua infraestrutura para impulsionar o desenvolvimento econômico no nordeste do país, incluindo a bacia do PPA. O PISF é a obra de infraestrutura hídrica brasileira mais cara atualmente, com o valor estimado podendo alcançar R$12 bilhões (USD 5,8 bilhões) (da Silva Santos, 2021[8]). Programado originalmente para ser concluído em 2011, o projeto teve diversos atrasos e aumentos de custos. Atualmente, em fase final de execução, o projeto tem como objetivo desviar 1,4% do maior rio localizado exclusivamente no Brasil para as zonas semiáridas do nordeste, que abrigam 29% da população brasileira, mas possuem somente 3,3% dos recursos hídricos do país. Visa também a ajudar a rede de infraestrutura hídrica do Nordeste a operar de maneira mais integrada (por isso, o nome do projeto utiliza o termo "integração" e não "transposição").

O rio São Francisco deverá fornecer água a algumas das áreas mais secas da região semiárida no Nordeste. Seis bacias hidrográficas se beneficiarão do projeto: Jaguaribe (Ceará), Piranhas-Açu e Apodi (Rio Grande do Norte), Paraíba, Moxotó e Brígida (Pernambuco). De acordo com o Ministério do Desenvolvimento Regional, o PISF suprirá a demanda hídrica dos municípios da região semiárida do Agreste Pernambucano e da região metropolitana de Fortaleza e solucionará os problemas causados pela escassez hídrica e por secas severas.

O PISF consiste em dois sistemas independentes de canais, tubulações e aquedutos (o eixo norte e eixo leste) que se estendem por aproximadamente 720 km (Figura 2.4). O eixo norte transfere as águas do rio São Francisco às bacias dos rios Jaguaribe (Ceará), Piranhas-Açu (Rio Grande do Norte) e Apodi-Mossoró (Rio Grande do Norte). O eixo leste conecta-se à bacia do rio Paraíba (Paraíba) e a algumas bacias de Pernambuco (através do Ramal do Agreste, o maior projeto de Infraestrutura hídrica de Pernambuco). O eixo leste foi o primeiro a entrar em operação, em 2017, e atualmente fornece água a cinco reservatórios na bacia do rio Paraíba (de Lucena Barbosa et al., 2021[9]).

O projeto também aborda importantes questões, como a poluição e a contaminação da água doce, para os quais a cobrança pelo uso de recursos hídricos pode contribuir. O projeto está sendo executado pelo Ministério do Desenvolvimento Regional com um orçamento de US$3 bilhões. A receita proveniente da cobrança pelo serviço de adução de água bruta pode financiar a sua operação e sua manutenção. Entretanto, com o progresso de sua implementação, o tratamento de questões de governança dos recursos hídricos, no âmbito da bacia hidrográfica do rio Piancó-Piranhas-Açu, torna-se ainda mais urgente, na medida em que o PISF trará mudanças substanciais para a gestão hídrica. Além disso, será necessário aprimoramento institucional das agências de governo, dos comitês de bacia e das instituições operacionais responsáveis pelo monitoramento hidrológico, controle do uso da água e operações dos reservatórios para lidar com essa nova realidade.

Figura 2.4. Eixos Norte e Leste do projeto de transposição das águas do rio São Francisco

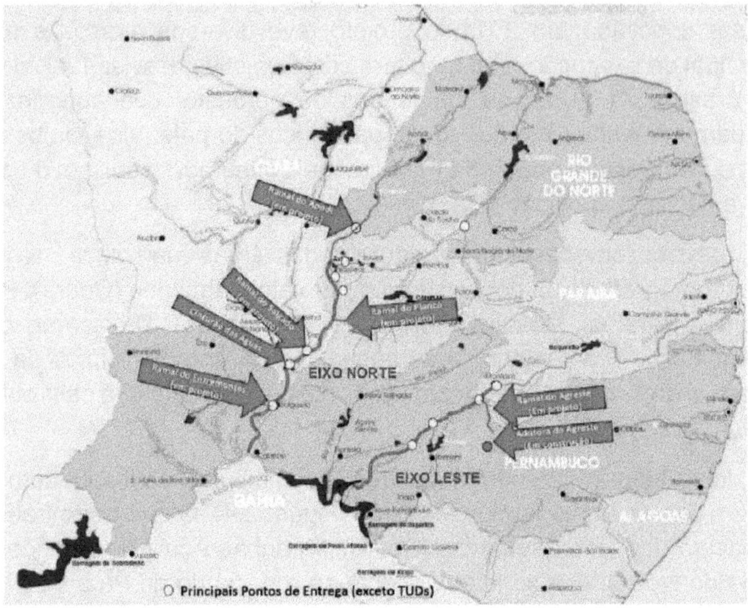

Fonte: Ministério da Integração Nacional,(2004[10]), Relatório de Impacto Ambiental da Transposição. Brasília.

Para uma execução bem sucedida do Projeto de Integração do Rio São Francisco

O PISF está em funcionamento e começa a evidenciar questões relacionadas a operação e manutenção (O&M) das principais infraestruturas hídricas. O governo federal foi responsável pelo financiamento e pela entrega da fase de construção, pelo estabelecimento do sistema de gestão e pela definição do operador em nível federal. Os estados são responsáveis pela operação, gestão e uso da água. A ideia era de que os estados pudessem cobrar dos beneficiários, de modo a financiar os custos de operação. Por meio de dispositivo contratual, as agências reguladoras dos estados (AESA e IGARN, que são os operadores estaduais), na Paraíba e no Rio Grande do Norte, deveriam cobrar dos usuários pelo serviço de adução de água bruta e pagar ao operador federal do PISF (Companhia de Desenvolvimento dos Vales do São Francisco e Parnaíba - CODEVASF) pela água recebida.. Além disso, os custos com energia são representativos na despesa operacional total, sendo assim, é preciso buscar eficiências operacionais e alternativas para redução desses custos. Para os demais reservatórios federais, na bacia, a operação é realizada pelo DNOCS (Departamento Nacional de Obras Contra a Seca) que é responsável por sua operação e manutenção.

A execução bem sucedida do PISF exige um arranjo institucional que permita a coordenação das funções federais e estaduais, a gestão eficaz dos recursos transferidos e um sistema eficiente e seguro de financiamento. A operação comercial completa ainda não começou, portanto, a resolução das questões pendentes é urgente.

Na esteira dos princípios de boas práticas (Quadro 2.1), deve considerar-se o seguinte:

- **Formalização dos arranjos institucionais para a tomada de decisão**, para a regulação e a gestão do sistema PISF, de modo que as funções e as responsabilidades estejam claras, e mudanças na demanda e na disponibilidade hídrica sejam geridas de maneira sustentável. O projeto e sua operação exigem a coordenação, em todos os níveis de governo com a participação dos beneficiários e de outras partes interessadas. O *Société du Canal de Provence* (SCP), na França, traz exemplo inspirador de um arranjo de governança possível para o PISF. O SCP é uma sociedade de economia mista, criada em 1957, como uma Companhia de Desenvolvimento Regional, que se beneficia de uma estrutura estável de acionistas, com mais de 80% das ações sendo de propriedade das autoridades locais. Em 1963, o SCP assinou um contrato de concessão de 75 anos para construção e operação do Canal da Provença. Dentro da estrutura de concessão concedida pela *Région Sud Provence-Alpes-Côte d'Azur*, a tarefa preliminar do SCP era controlar e garantir o abastecimento seguro de água para a Provença. Para tanto, projetaram uma moderna rede que garantisse acesso à água para todos os consumidores e usos, e, atualmente, a SCP continua desenvolvendo e gerindo esta rede. O sistema do *Canal de Provence* foi concebido para permitir sua adaptação à demanda, mantendo, assim, a adução da água ao mínimo.

- **Esclarecimento das metas e dos objetivos do PISF, e estabelecimento de programa de comunicação e engajamento** para os beneficiários, de modo que a base para a operação e financiamento esteja clara para todos. O objetivo do projeto é o desenvolvimento regional. Então, deve visar a aumentar o bem-estar, disponibilizando água para apoiar o crescimento econômico. O PISF ajudou a unir vários estados e os aproximou da ANA. Há discussões rotineiras sobre os desafios, mas até o momento, não foram encontradas soluções para resolvê-los, o que sugere que o formato atual para o diálogo necessita ser repensado, talvez por meio de um laboratório de idéias (*think tank*). As metas do PISF, especificamente, precisam ser acordadas em relação aos beneficiários prioritários e aos objetivos estratégicos para a região. Em última análise, o diálogo deverá contribuir para a sustentabilidade financeira do projeto, partilhando custos e benefícios entre os beneficiários. A experiência internacional tem demostrado que a operação de projetos de transposição precisa ser considerada dinamicamente, para que possa responder a mudanças na demanda, mudanças climáticas, eventos climáticos extremos e impactos ambientais. Estas questões tornam imperativo que os objetivos do PISF sejam revistos e regras operacionais flexíveis sejam estabelecidas de modo a não travar o sistema com processos rígidos e insustentáveis. Na Colômbia, campanhas para mudança comportamental no Valle de Cauca têm contribuído para duplicar o número de usuários a jusante por meio de medidas de conservação. Quatorze equipes de funcionários da autoridade ambiental local treinaram líderes comunitários em gestão de recursos naturais, marketing social e planejamento de campanha, e, ao mesmo tempo, capacitaram-nos a fim de criar confiança em diferentes partes interessadas. Como resultado, aproximadamente 1.700 hectares de floresta agora são protegidos voluntariamente por fazendeiros da região. O Valle de Cauca ultrapassou sua meta anual de conservação, as taxas de desmatamento caíram para abaixo da média nacional, e suas bacias apresentam tendências positivas nos índices de qualidade da floresta e da água.
- **Avaliação do PISF quanto ao risco, resiliência e incertezas usando cenários para diferentes níveis de demanda** e disponibilidade hídrica, diante das mudanças climáticas e em prazos compatíveis com a vida útil esperada da infraestrutura hídrica (ou seja, pelo menos 50 anos). Considerar como uma carteira mais integrada de opções, tal como maior utilização da gestão da demanda, redução de vazamentos, reuso de efluentes, dessalinização ou águas subterrâneas, poderia ajudar na gestão de riscos e incertezas. Como no caso do Canal da Provença e sua infraestrutura, o foco é no lado da oferta, com investimentos planejados há décadas (se não séculos), e não na demanda (eficiência hídrica, redução do uso da água). Entretanto, dadas as soluções técnicas disponíveis atualmente e a conscientização crescente, incluindo no setor agrícola, deve-se ponderar sobre um deslocamento da gestão do lado da oferta para o da demanda.
- **Início de um programa de engajamento e conscientização** para que as boas práticas sobre regras de acesso e cobrança estejam estabelecidas, quando a operação começar de fato. O PISF não oferecerá água gratuita ilimitadamente. As discussões sobre como deveria ser a estrutura de tarifa perfeita arriscam impedir a implementação de alguma forma de cobrança. Existe a percepção de que as comunidades que desfrutam desse benefício acreditam que a água está disponível para elas a custo zero, o que não é verdade.
- **Estabelecimento de regras de acesso ao recurso, apoiadas por um sistema de licenças e monitoramento de conformidade**, a fim de encorajar os usuários a operar de forma eficiente e

minimizar o desperdício. Essas questões são interligadas e é essencial que haja diálogo com todas as partes interessadas a fim de alcançar uma definição sobre arranjos de governança e financiamento. Se essas questões não forem resolvidas, o resultado será a falta de receita para operação e manutenção (O&M), deterioração das instalações e falha na esperada entrega dos benefícios econômicos e do bem-estar desse grande projeto.

- **Utilização das cobranças pelo uso de recursos hídricos para demonstrar que a água tem valor e que há custos para a sua disponibilização** e manutenção das instalações que proporcionam sua distribuição. Existem custos fixos em todos os grandes projetos. Há também custos variáveis em razão de flutuações na demanda que devem ser financiadas por aqueles que se beneficiam de uma maior segurança no fornecimento ou de uma nova fonte. Os beneficiários são os consumidores de água dos municípios, que devem pagar uma tarifa realista pelo serviço de abastecimento de água, o que está sujeito a salvaguardas para aqueles com menor poder aquisitivo. O PISF precisará operar em capacidade máxima para alcançar todas as áreas com potencial de irrigação. Acredita-se que os usuários aparecerão quando a água for disponibilizada.
- **Desenvolvimento de programa para o monitoramento técnico do desempenho do PISF** e outros grandes projetos para revisar as regras de controle, caso necessário e para informar cronogramas e exigências orçamentárias para a manutenção rotineira e preventiva, de modo que as perdas sejam minimizadas e todas as partes do sistema de transposição operem como projetadas. Deve-se monitorar continuamente o sistema quanto aos impactos ambientais, hidrológicos, socioeconômicos e regionais para que as regras de operação possam ser modificadas para reduzir impactos adversos e imprevistos. Como em todos os grandes projetos, é essencial que haja monitoramento contínuo do desempenho para que as regras de controle possam ser revistas e ajustadas, quando necessário, com vistas a assegurar que estejam funcionando como planejado e de modo que a manutenção rotineira e preventiva possa ser programada eficientemente. O projeto foi elaborado com a expectativa de que, ao aumentar a segurança hídrica, a demanda se materializasse para aproveitar os recursos hídricos adicionais. Uma vazão média de até 26,4m^3/s é garantida para abastecimento humano e animal. Se a água não for toda consumida, o excedente pode ser alocado para outras finalidades. A depender do nível na barragem de Sobradinho, até 127 mm^3/s podem estar disponíveis. A distribuição das vazões entre os diferentes tipos de usuários e estados e as tarifas a serem cobradas estão especificadas no Plano de Gestão Anual, o PGA, aprovado pela ANA. Sem controles e regulamentações rígidos de alocação formal nem fiscalização para minimizar o uso ilegal, existe o risco de expansão descontrolada de demanda, que impactará o uso contratado e o prioritário. Entretanto, o incremento no uso acarreta potencial aumento de receita para a cobertura dos custos, embora isso seja contrabalançado pelo aumento dos custos operacionais (primariamente de energia). O exemplo da transposição de Tejo-Segura, na Espanha, demonstra que os impactos ambientais, somente após muito tempo, podem se manifestar. Necessita-se, portanto, de um compromisso de monitoramento de longo prazo para a compreensão dos efeitos em vazões, qualidade da água e ecossistemas.

Quadro 2.1. A experiência internacional de grandes projetos de transposição de águas

Transposição de águas na Espanha

A transposição do Tejo-Segura é um grande projeto que liga o reservatório de Bolarque no rio Tejo, na Espanha central, ao reservatório de Talave no Segura, no sudeste seco do país. Tem 292 quilômetros de extensão, com a vazão máxima de transferência de até 33 m³/s. Seu traçado foi baseado na série de vazões do rio entre 1958-79, que sugeria que até 1.000hm³/ano era possível. No entanto, desde 1979, as vazões da bacia doadora diminuíram 47%, e o volume que se pensava estar disponível para transferência foi reduzido para 600 hm³/a. Na prática, as transferências tiveram uma média de apenas 351 hm³/a. Um terço da água é utilizada para abastecimento público e o restante, para irrigação. A evaporação e outras perdas somam aproximadamente 20 hm³/a.

Apesar de seus benefícios econômicos na bacia de Segura, a transposição resultou em impactos adversos significativos nas bacias doadoras e receptoras. No Tejo, houve grandes mudanças na dinâmica do rio, com aumento da erosão e redução da qualidade da água. Essa deterioração despertou interesse social e político. Em Segura, os ecossistemas foram impactados pela introdução de espécies não-nativas de peixes que estão dominando as nativas. Além disso, o aumento na irrigação fez com que os níveis das águas subterrâneas aumentassem e ficassem cada vez mais poluídas por nutrientes. Estes impactos provocaram discussões sobre como melhor gerir grandes transposições, e a necessidade de contínua adaptação.

Esta experiência nos traz algumas lições importantes que são transferíveis ao PISF:

- A viabilidade da transposição deve ser testada sob diferentes cenários de índices pluviométricos e socioeconômicos.
- Transposições podem criar uma escala de impactos nas bacias afetadas, que devem ser identificados como parte da avaliação ambiental para o projeto. Caso se materializem após a construção e durante a operação, impactos devem ser tratados e minimizados.
- Transposições são muito sensíveis às mudanças climáticas e aos deslocamentos na dinâmica social.
- A cooperação interadministrativa eficaz é essencial para a operação sustentável da transposição.

Infraestrutura hídrica de larga escala no Reino Unido

No Reino Unido, há diversas transposições em funcionamento. Algumas datam do fim do século XIX e abastecem cidades no norte e no oeste do país. Estes recursos foram financiados, em sua maioria, pelos municípios que encomendaram as obras, mas os custos operacionais e de manutenção são agora de responsabilidade das companhias privadas de água que assumiram os encargos do setor público. Seus gastos foram inteiramente recuperados pela cobrança aos consumidores. Em alguns casos, o regulador de recursos hídricos e ambiental, que tem papel similar ao da ANA, é responsável pela operação e pela manutenção nos locais onde as instalações beneficiam múltiplos setores. Nestes casos, seus custos são inteiramente cobertos pelas cobranças impostas aos adutores, que pagam uma sobretaxa pelo benefício da adução da água a partir de um sistema fluvial regulado.

Nos últimos 40 anos, nenhuma grande infraestrutura de abastecimento de água foi encomendada; qualquer proposta nesse sentido foi objeto de forte oposição de comunidades locais e ONGs verdes. Entretanto, uma seca severa, em 2010-12, que ameaçou a segurança hídrica de Londres, levou ao reconhecimento de que investimentos eram necessários. As companhias privadas de água colaboraram para desenvolver um plano nacional de segurança hídrica para a Inglaterra. Os reguladores e o governo deram a orientação de que seria necessário adotar uma dupla abordagem e combinar medidas de gestão de demanda com o desenvolvimento de recursos, levando-se em conta os impactos potenciais das mudanças climáticas na disponibilidade hídrica, bem como as necessidades ambientais de vazões e demandas de outros setores. O plano inclui programas ambiciosos para a eficiência hídrica e controle de vazamentos, bem como uma ampla gama de projetos, como maior conectividade dentro e entre companhias, barragens, transposições, reuso de efluentes, águas subterrâneas e dessalinização.

Criou-se, em cada região, um grupo para tratar de recursos hídricos e para unir todos os setores e as partes interessadas para discutirem desafios econômicos, sociais e ambientais. Esses grupos, oportunamente, podem apoiar a gestão operacional dos recursos, a exemplo do Comitê Consultivo, há muito estabelecido para o rio Dee, no norte do País de Gales. Esse grupo foi estabelecido por lei para supervisionar a operação de uma série de barragens que fornecem vazão regularizada ao rio Dee. Esse rio suporta a adução, por meio de três companhias, para o abastecimento público, bem como para a navegação, a irrigação e a indústria. O rio Dee também é importante por sua ecologia e sua pesca, e as regras operacionais asseguram que as necessidades ambientais de vazão sejam priorizadas. Existem regras para a operação do sistema durante secas, com o impacto compartilhado pelos diferentes setores. No caso de uma seca mais severa que a prevista, o Comitê envida esforços para chegar a um consenso sobre como se devem operar as limitações em adução.

O rio Dee e os sistemas similares trazem idéias de como os novos projetos devem ser custeados e operados. O desafio imediato é de como a construção de qualquer novo projeto deve ser financiada. Com o setor hídrico privatizado, é improvável que se disponha de financiamento governamental. Por conseguinte, caberá às próprias empresas levantar capital próprio ou de um terceiro investidor para encampar o projeto e conseguir um retorno dos beneficiários. Para qualquer uma destas opções, é necessário ter a segurança de uma base de receita estável e adequada para pagar os juros dos empréstimos e gerar retorno sobre o capital. Também é importante um regime regulatório estável, operado com o apoio explícito do governo, a fim de dar confiança a investidores potenciais. Inversamente, os operadores necessitarão de flexibilidade para otimizar o uso das instalações. Nos locais em que os projetos também trazem benefícios ambientais, como provavelmente é o caso na Inglaterra, o regulador ambiental poderá possivelmente financiar uma parcela dos custos envolvidos.

A estratégia para o Rio Danúbio

O Rio Danúbio é o segundo rio mais longo da Europa, com uma bacia que inclui 19 países da Europa Central e Oriental, o que significa que é a bacia hidrográfica mais internacional do mundo. É importante para a navegação e para a geração de energia hidrelétrica, além de ser uma importante fonte de água potável. É, também, o habitat de uma espécie de esturjão, criticamente ameaçada de extinção, que necessita migrar a montante para se reproduzir. As instalações de energia hidrelétrica e outras barreiras, aliadas à superexploração da pesca, resultaram na considerável diminuição dos cardumes desse peixe.

O impacto ecológico da energia hidrelétrica tem aumentado as tensões entre interesses conflitantes e resultado em mudanças na concepção de políticas referentes ao uso de barragens para o abastecimento de água e energia hidrelétrica. No ano de 2000, a Comissão Internacional para a Proteção do Rio Danúbio (ICPDR, sigla em inglês) foi contratada para a implementação de todos os aspectos transfronteiriços do Marco Diretivo da Água e, em 2007, para as Diretivas sobre Inundações. Seu objetivo é preservar os recursos hídricos do Danúbio para as gerações futuras, proteger a qualidade da água e a ecologia, e minimizar o impacto das inundações.

A ICPDR iniciou diálogo para desenvolver um conjunto de Princípios Diretores para o Desenvolvimento Sustentável da Energia Hidrelétrica na Bacia de Danúbio. Montou-se uma estratégia, que inclui a identificação dos trechos do Danúbio que devem ser mantidos livres de projetos de energia hidrelétrica, e aqueles com probabilidade de impacto mínimo. Onde as estruturas existentes são adaptadas ou melhoradas, medidas devem permitir a passagem dos peixes.

Embora a disponibilidade hídrica na bacia do Danúbio ainda não tenha sido afetada significativamente pelas mudanças climáticas, provavelmente haverá impactos significativos na disponibilidade e na demanda de água (e na navegabilidade) no futuro. Isso provavelmente aumentará as pressões dos irrigadores e do abastecimento nas barragens e nos reservatórios. Além disso, há necessidade de redução das taxas de adução a fim de proteger fluxos ecológicos. As taxas de vazamentos em alguns países dentro da bacia chegam a 75%, então mitigar essas perdas, bem como melhorar a eficiência do uso em outros setores, como a irrigação, pode beneficiar o rio significativamente.

Espera-se, consequentemente, que o próximo Plano de Bacia para o Danúbio (2021-2027) trate e harmonize as questões de escassez hídrica e os impactos ambientais das barragens e dos reservatórios.

Fonte: OECD/ANA(2019-21[11]),"Oficinas de Governança dos Recursos Hídricos".

Criando governança dos recursos hídricos apropriada na Bacia Hidrográfica do Rio Piancó-Piranhas-Açu

Esta seção descreve oportunidades e recomendações baseadas em estruturas normativas, estudos e relatórios da OCDE sobre governança e gestão de recursos hídricos, bem como sobre as melhores práticas internacionais.

Adotando um arranjo de governança que garanta a gestão de recursos hídricos na escala apropriada e que promova a coordenação

A bacia do PPA cruza os estados da Paraíba e do Rio Grande do Norte. Desde 2009, um único Comitê de Bacia Hidrográfica (CBH) governa a bacia do PPA, como acordado pelo governo federal e pelos dois estados. Os estados da Paraíba e do Rio Grande do Norte possuem Conselhos Estaduais de Recursos Hídricos (CERH), Secretarias estaduais e Agências Reguladoras - a Agência Executiva de Gestão de Águas do Estado da Paraíba (AESA) e o Instituto de Gestão das Águas do Estado do Rio Grande do Norte (IGARN). Mapear quem faz o que é o primeiro passo para representar a atribuição de papéis e responsabilidades em diferentes níveis de governo e entre funções para a gestão de recursos hídricos dentro da bacia (Figura 2.5).

Funções e responsabilidades entre os níveis do governo são alocadas da seguinte forma:

- **Nível federal**
  - **Conselho Nacional dos Recursos Hídricos** (CNRH) tem poderes deliberativos e é responsável pela aprovação do Plano Nacional de Recursos Hídricos, e pela definição de diretrizes orientadoras gerais para os instrumentos de gestão hídrica, incluindo outorgas de uso e cobranças pelo uso de recursos hídricos.
  - A **Agência Nacional de Águas e Saneamento Básico** (ANA) é responsável pelas outorgas de direito de uso de recursos hídricos no âmbito dos rios federais. É também encarregada do monitoramento hidrológico e dos reservatórios, monitoramento do uso da água, controle e fiscalização e projetos de gestão hídrica em nível federal.
  - **Ministério do Desenvolvimento Regional** (MDR) se destaca como o fornecedor principal da infraestrutura hídrica, responsável pela formulação e pela implementação das políticas públicas. Financia, também, novos sistemas hídricos e barragens.
  - O **Departamento Nacional de Obras Contra as Secas** (DNOCS) é uma instituição do Governo Federal que faz a gestão de 321 reservatórios no nordeste do Brasil. Alguns desses

reservatórios estão situados na Bacia Hidrográfica do rio Piancó-Piranhas-Açu e fornecem 70% da água superficial da bacia.

- A **Companhia de Desenvolvimento dos Vales do São Francisco e do Parnaíba** (CODEVASF) é a atual operadora federal do PISF.

- **Nível estadual**
  - A **Secretaria Estadual do Meio Ambiente, Recursos Hídricos e Ciência e Tecnologia da Paraíba** (SEMARH/PB) e a do **Rio Grande do Norte** (SEMARH/RN) são responsáveis pela formulação e pela execução da política de recursos hídricos e pelo financiamento de grandes projetos de infraestrutura hídrica em nível estadual. Essas secretarias controlam também os reservatórios construídos pelo estado.
  - A **Agência Executiva de Gestão das Águas do Estado da Paraíba** (AESA) e o **Instituto de Gestão das Águas do Estado do Rio Grande do Norte** (IGARN) concedem outorga para uso de recurso hídrico em águas estaduais. São também responsáveis pelos monitoramentos hidrológicos dos reservatórios e do uso da água, pelo controle e pela fiscalização, e pelos projetos de gestão de recursos hídricos em nível estadual. A AESA opera, também, sistemas hídricos estatais.
  - O **Conselho Estadual de Recursos Hídricos da Paraíba** (CERH/PB) e o **do Rio Grande do Norte** (CERH/RN) têm poderes deliberativos e são responsáveis pela aprovação dos Planos Estaduais de Recursos Hídricos e pela definição de diretrizes gerais de instrumentos de gestão de recursos hídricos, incluindo outorga de uso da água e cobranças pelo uso de recurso hídrico, em nível estadual.
- **Nível de bacia**
  - O **Comitê de Bacia Hidrográfica do Piancó-Piranhas-Açu** (CBH-PPA) foi criado em 2006 e iniciou suas operações em 2009. O CBH-PPA é um órgão colegiado que reúne 40 representantes dos setores do uso da água, agências governamentais e sociedade civil. O Comitê é responsável por promover discussões a respeito de todas as questões hídricas, aprovar o Plano de Gestão de Bacia, estabelecer prioridades de uso da água, aprovar mecanismos de cobrança pelo uso de recursos hídricos e cronograma de implementação.
  - Desde o fim de 2016, um **Escritório Técnico** contratado pela ANA foi fundado na bacia hidrográfica do PPA como parte da implementação do plano de bacia. Esse Escritório tem desenvolvido diversas funções operacionais para apoiar a gestão de recursos hídricos e as agências governamentais.

O Plano de Recursos Hídricos da Bacia Hidrográfica do rio Piancó-Piranhas-Açu é uma referência para o Comitê de Bacia Hidrográfica e para as agências de gestão de recursos hídricos de rios federais e estaduais (veja a seção seguinte). Aprovado em 2016, o plano tem um orçamento de R$ 150 milhões para os primeiros cinco anos, e prevê três tipos de ações focadas na melhoria da segurança hídrica e da qualidade da água, devido ao baixo nível de infraestrutura de saneamento. As ações serão implementadas pelo Comitê de Bacia Hidrográfica, ANA, AESA e IGARN. O plano de recursos hídricos da bacia hidrográfica do rio PPA foi estendido até 2021 e sua revisão está em andamento com vigência de 5 anos a partir de 2022. As principais limitações que dificultam a implementação do plano de recursos hídricos da bacia hidrográfica do PPA são: (1) o orçamento da ANA é a única fonte de financiamento para o CBH na ausência de um mecanismo de financiamento baseado na cobrança aos usuários de água da bacia, e (2) as medidas da bacia hidrográfica do PPA devem estar alinhadas com as políticas de recursos hídricos nos níveis estadual e municipal.

Nesse contexto, as funções e as responsabilidades necessitam ser definidas e alocadas claramente commecanismos sólidos de coordenação. A governança multinível exige forte articulação entre atores e objetivos. Necessita, também, de mecanismos robustos de participação de modo a assegurar que todas as entidades estejam envolvidas ativamente. A fraca participação dos municípios na gestão de recursos hídricos advém, inicialmente, da particularidade do "duplo domínio". A Constituição Brasileira divide a titularidade e as competências sobre recursos hídricos entre a União (para os rios que cruzam limites estaduais e transfronteiriços) e os estados (todo os demais rios), o que dificulta uma visão estratégica para a bacia do PPA.

Atualmente, está em discussão na bacia do PPA a alternativa de manter as agências estaduais existentes ou de criar uma nova instituição para a gestão da água (isto é, uma Agência de Águas do PPA). Até certo ponto, o problema não é sobre a estrutura institucional, mas, sim, sobre o cumprimento eficiente das funções de gestão da água (quantidade, qualidade, defesa contra inundações, gestão de esgotos e tratamento de águas residuais e abastecimento de água potável). Assim, é importante assegurar que o projeto de governança escolhido disponha das funções e dos poderes necessários para cumprir sua missão na escala apropriada. Tais como:

- **A utilização das estruturas existentes poderia ser mais eficiente**. Na França, por exemplo, as Agências de Águas, criadas em 1964, inicialmente, enfrentaram problemas para contratar pessoal competente e adequado, o que afetou sua capacidade de cumprir suas missões. Dificuldades similares estão presentes na bacia hidrográfica do PPA porque há falta de pessoal na gestão estadual de recursos hídricos e nas agências ambientais, o que prejudica a capacidade operacional. Criar uma nova instituição poderia agravar ainda mais essa situação. Além disso, as instituições existentes encarregadas da gestão de recursos hídricos nos estados da Paraíba e do Rio Grande do Norte apresentam muitos níveis de responsabilização, o que é considerado positivo.
- **Encontrar a menor escala apropriada para cumprir eficientemente as funções da gestão de recursos hídricos pode ser um princípio a ser seguido**. Embora cada país tenha suas próprias particularidades, seguir o princípio da subsidiariedade pode ser um ponto de referência.

Figura 2.5. Mapeamento institucional para a gestão de recursos hídricos na Bacia Hidrográfica do rio Piancó-Piranhas-Açu

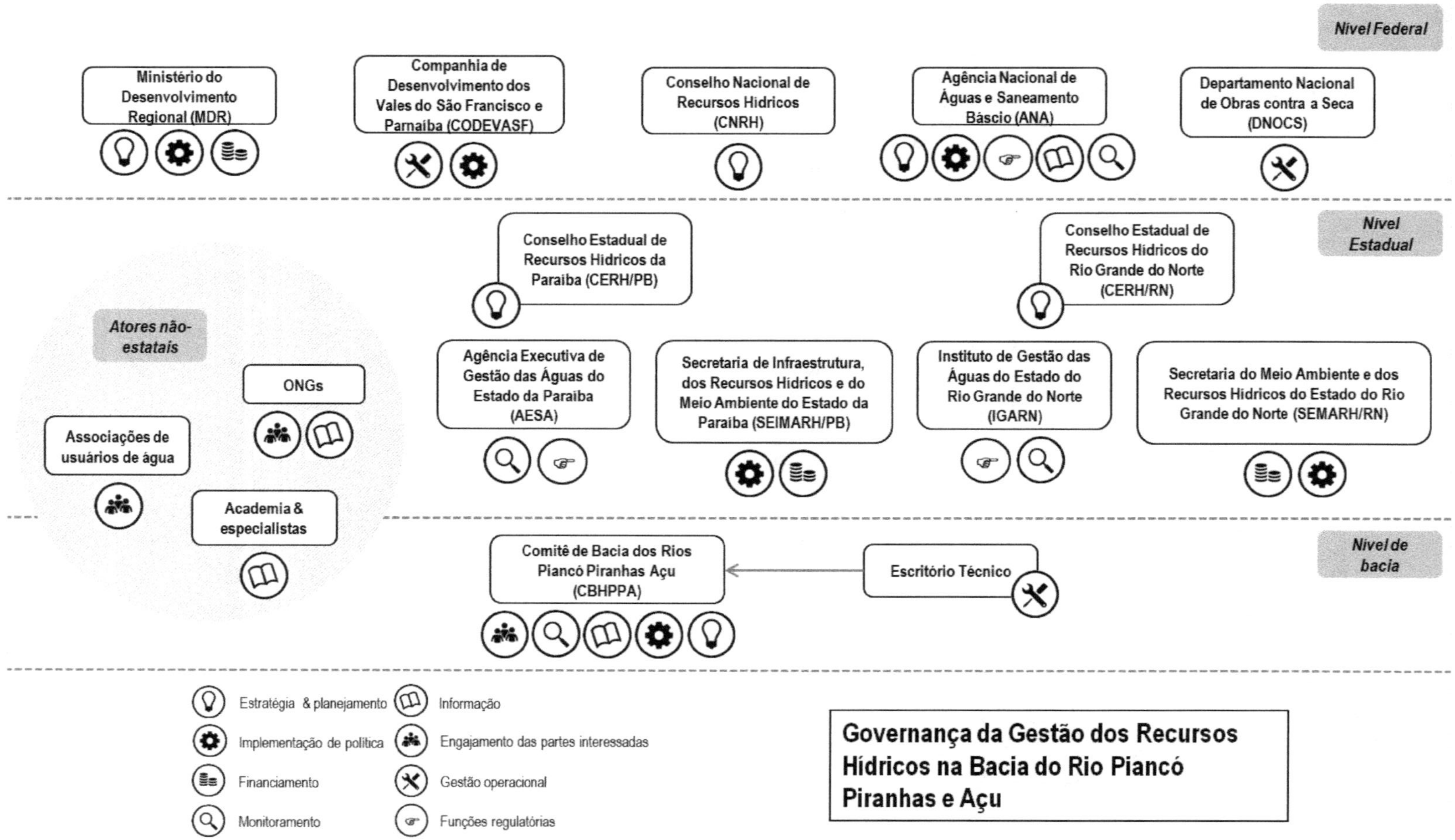

Fonte: Elaboração do autor com base na OCDE(2011[12]), *Water Governance in OECD Countries: A Multi-level Approach*, https://doi.org/10.1787/9789264119284-en

- **Avaliar se as instituições em nível de bacia estão cumprindo seu mandato de identificar lacunas (*gaps*) e planejar medidas para superá-las**. Um exemplo é a ferramenta de autoavaliação usada na Tanzânia para medir o desempenho das nove diretorias de bacias hidrográficas que executam a Gestão Integrada de Recursos Hídricos em nível de bacia. As diretorias de bacias são unidades administrativas descentralizadas, que, juntamente com os comitês de bacia (*catchment committees*) e as associações de usuários dos recursos hídricos, compõem o arcabouço institucional para a gestão dos recursos hídricos. A Estrutura de Avaliação de Desempenho é uma ferramenta de autoavaliação que apoia as diretorias de bacia para avaliar, regularmente, seu desempenho de acordo com seu mandato institucional. A ferramenta foi desenvolvida pelo Ministério de Água e Irrigação, com o apoio da Sociedade Alemã de Cooperação Internacional (*Deutsche Gesellschaft für Internationale Zusammenarbeit*, GIZ). O ministério fornece apoio às diretorias enquanto administra a Estrutura de Avaliação de Desempenho, o que constitui também excelente oportunidade para o ministério mapear a robustez e as debilidades de cada diretoria.(OECD, 2018[13])

Fortalecendo o engajamento das partes interessadas

Fortalecer o engajamento das partes interessadas em nível de bacia é vital para promover contribuições informadas e orientadas a resultados com vistas à formulação e à implementação de políticas de recursos hídricos. As comunicações formais e informais são importantes e devem ocorrer de modo regular e permanente. De forma tentativa, a OCDE (2015[14]) descreve algumas das vantagens e dos inconvenientes resultantes dos mecanismos formais e informais de engajamento (Quadro 2.2).

- Os mecanismos **formais,** tais como associações de usuários de recursos hídricos e organizações de bacias hidrográficas, são frequentemente baseados no princípio da democracia representativa, o que lhes confere legitimidade. Entretanto, podem ser percebidos como de visão única quando focam apenas nos objetivos de um só grupo de interessados. As organizações de bacias hidrográficas podem ser capturadas quando as discussões e as decisões são monopolizadas pelos interesses de determinados grupos. Podem também gerar tensões do tipo agente-principal (*principal-agent tensions*), nas quais a pessoa que se senta à mesa manifesta seus próprios interesses, ao invés de defender o grupo que representa. Esta deve ser uma preocupação ao se selecionar partes interessadas para participar de diretorias consultivas, grupos de trabalhos ou assembleias.
- A natureza relativamente **informal** das reuniões e das oficinas (*workshops*) pode fomentar a deliberação e criar sentimento de união. Esses eventos proporcionam um clima mais aberto, o que faz com que os participantes se mostrem mais dispostos a discutir problemas e maximizem diálogos que não surgiriam por meio de outros mecanismos. Por exemplo, as reuniões e as oficinas são flexíveis em relação ao cronograma e à escala (das reuniões comunitárias às conferências internacionais) e podem ser aplicadas a uma gama de problemas (por exemplo, da discussão sobre um projeto de esgoto municipal ao debate sobre acordos de gestão de bacia transfronteiriça). Elas oferecem oportunidades para que qualquer um expresse suas preocupações e seus interesses, acesse e compartilhe informações e tenha melhor compreensão a respeito do tema. Entretanto, se as ferramentas utilizadas para envolver as partes interessadas não tiverem um nível mínimo de estrutura e mediação, os resultados podem se revelar difíceis de serem incorporados nas decisões. Faz-se mister, ainda, um acompanhamento para transformar as visões e as preocupações em contribuições para a tomada de decisão, para além do compartilhamento de informações.

Quadro 2.2. Princípios-chave da OCDE sobre engajamento das partes interessadas para uma governança dos recursos hídricos inclusiva

Aspectos críticos de governança devem guiar estruturas de engajamento das partes interessadas. O acesso justo e equitativo às oportunidades de engajamento é essencial para garantir um processo equilibrado e representativo que leve em consideração a diversidade de ideias e de opiniões. Faz-se necessário ser transparente e aberto sobre as maneiras de identificar as partes interessadas, de escolher mecanismos de engajamento e de definir os objetivos que podem ajudar a aumentar o interesse entre as partes interessadas, desenvolver o entendimento e apoiar as decisões finais. Fornecer plataformas para as partes interessadas compartilharem suas ideias não é suficiente. É preciso que os tomadores de decisões demonstrem como essas ideias são levadas em consideração. A transparência processual e a divulgação da informação, incluindo soluções alternativas, são cruciais para assegurar a legitimidade dos processos de tomada de decisão e os seus resultados. O engajamento pode reunir grupos com visões opostas que temem que as suas ideias não sejam consideradas. Mostrar aos participantes as intenções do processo e como suas opiniões serão tratadas é importante para assegurar que discussões e trocas de opiniões sejam produtivas. Também é importante que os responsáveis pelas decisões (*decision-makers*) confiem na qualidade e no valor das opiniões dos especialistas não-técnicos (OECD, 2015[14]).

Tabela 2.1. Princípios-chave da OCDE sobre engajamento das partes interessadas para uma governança dos recursos hídricos inclusiva

Inclusão e equidade	Princípio 1: Mapear todas as partes que tenham interesse no resultado ou que possam ser afetadas por eles, bem como identificar suas responsabilidades, suas motivações centrais e suas interações.
Clareza de objetivos, transparência e responsabilização	Princípio 2: Definir o objetivo final da tomada de decisão, do engajamento das partes interessadas e do uso das opiniões.
Capacidade e informação	Princípio 3: Alocar recursos financeiros e humanos apropriados e compartilhar a informação necessária para o engajamento das partes interessadas baseado em resultados.
Eficiência e eficácia	Princípio 4: Avaliar regularmente o processo e os resultados do engajamento das partes interessadas para conhecer, ajustar e melhorar, conforme o caso.
Institucionalização, estruturação e integração	Princípio 5: Incorporar processos de engajamento em arcabouços legais e políticos claros, em estruturas ou princípios organizacionais e autoridades responsáveis.
Adaptabilidade	Princípio 6: Personalizar o tipo e o nível de engajamento sempre que necessário e manter o processo flexível às circunstâncias variáveis.

Fonte: OECD (2015[14]), *Stakeholder Engagement for Inclusive Water Governance*. http://dx.doi.org/10.1787/9789264231122-en.

Quadro 2.3. A estratégia da Cidade do Cabo para a criação de resiliência por meio de parcerias e colaboração

A Cidade do Cabo reconhece que os relacionamentos colaborativos precisam ser construídos e mantidos em muitos níveis do sistema hídrico da cidade, incluindo:

- cidadãos e prefeitura
- consumidores e prestadores de serviços
- cidadãos e liderança política
- autoridades e políticos
- departamentos da Cidade do Cabo
- esferas do governo
- empresas e a Cidade do Cabo
- a Cidade do Cabo e a comunidade científica
- a Cidade do Cabo e outros usuários dos serviços de abastecimento de água e esgotamento sanitário (WSS).

Os relacionamentos colaborativos são baseados na confiança que, por sua vez, é construída onde há transparência, responsabilidades mútuas e onde as intenções declaradas de todas as partes são sistematicamente traduzidas em ações. Com base nas experiências intensivas do engajamento durante a seca, a Cidade do Cabo promoverá e facilitará a construção de confiança de maneiras tangíveis.

- **Envolvendo os cidadãos e a sociedade civil.** A Cidade do Cabo se esforçará para criar ambiente propício que responda às sugestões dos cidadãos. A cidade continuará a trabalhar com parceiros da sociedade e organizações colaborativas mediadoras. Fará enquetes continuamente para melhor compreender as necessidades e as percepções dos cidadãos e trabalhará com instituições de pesquisa, ONGs e organizações comunitárias que tenham estabelecido processos para documentar o uso e as necessidades hídricas na comunidade, além de suas percepções e suas atitudes:
- **Envolvendo as empresas.** A Cidade do Cabo continuará a trabalhar com organizações colaborativas mediadoras, como a Green Cape, Wesgro e o WWF, para melhor compreender as necessidades e as percepções das empresas e para aprimorar a comunicação.
- **Envolvendo o governo.** A Cidade do Cabo continuará a trabalhar com colaboradores mediadores, como a Western Cape Economic Development Partnership (EDP) e o Programa Nacional de Apoio à Cidade do Cabo do Tesouro Nacional, para facilitar relacionamentos produtivos com outras esferas do governo, incluindo o Governo do Cabo Ocidental e os vários departamentos do governo federal.
- **Envolvendo o trabalhador.** A Cidade do Cabo continuará a trabalhar com as organizações trabalhistas como parceiros-chave na entrega de serviços visando a assegurar a proteção dos direitos dos trabalhadores.
- **Envolvendo os pesquisadores.** A Cidade do Cabo continuará a engajar-se com grupos de trabalho de pesquisa, como o Freshwater Forum, o Consórcio de Educação Superior do Cabo, o Grupo de Pesquisa da Água, a Comissão de Pesquisa da Água e o Water Hub, para desenvolver e buscar pesquisas aplicadas, bem como processos de tomadas de decisão com base em evidências, para auxiliar a Cidade do Cabo a melhor cumprir seu mandato e a executar esta estratégia. A Cidade do Cabo explorará também um enfoque transdisciplinar da pesquisa e fará parcerias com pesquisadores para o desenvolvimento de agendas e projetos comuns de pesquisa para a cidade.

- **Envolvendo os consumidores-chave.** A Cidade do Cabo estabelecerá uma unidade-chave de consumidores para melhor responder às suas necessidades.
- **Envolvendo a expertise e as experiências internacionais.** A Cidade do Cabo melhorará o conhecimento existente e desenvolverá conhecimentos novos estabelecendo parcerias com agências nacionais e internacionais capazes de compartilhar conhecimento e experiências relevantes para permitir a implementação mais eficaz dessa estratégia. Quando for o caso, a Cidade do Cabo empregará colaboradores-mediadores para apoiar essa atividade. Além disso, a cidade está comprometida em compartilhar suas próprias experiências com essas instituições, a fim de contribuir com a comunidade global dessa prática.

Fonte: OECD (2021[15]), *Water Governance in Cape Town, South Africa*, https://doi.org/10.1787/a804bd7b-en; City of Cape Town (2019[16]), *Cape Town Water Strategy*, https://resource.capetown.gov.za/documentcentre/Documents/City%20strategies%2c%20plans%20and%20frameworks.

A participação de comunidades desassistidas/desfavorecidas requer e está recebendo mais atenção. Entretanto, os profissionais da gestão de recursos hídricos precisam ampliar seu raio de ação, especialmente no que diz respeito ao conhecimento histórico e ecológico das comunidades nativas que são soberanas e detêm direitos, mas geralmente são pouco consultadas (Quadro 2.4).

Quadro 2.4. A Declaração do Rio Fitzroy para maior envolvimento das partes interessadas

Na bacia do rio Fitzroy (Austrália), os princípios da OCDE propiciaram uma ferramenta para partes interessadas sub-representadas promoverem seu engajamento no projeto e na execução da política de recursos hídricos. Uma comunidade indígena da Austrália elaborou uma declaração política que busca proteger os valores tradicionais e ambientais que fundamentam o patrimônio cultural do rio Fitzroy. A comunidade aborígine foi a guardiã tradicional do rio por séculos, mas o desenvolvimento crescente na bacia tem colocado em risco o futuro do rio e de seus povos. A "Declaração do Rio Fitzroy", elaborada com base nos princípios da OCDE, incentiva o governo a estabelecer um sistema de governança na Austrália Ocidental que permita engajamento das partes interessadas e, em última análise, uma gestão conjunta do rio entre o governo e as comunidades aborígines.

Os proprietários tradicionais da região de Kimberley, na Austrália Ocidental, estão preocupados com as aduções e as extensivas propostas de desenvolvimento relativas ao rio Fitzroy e a sua bacia, e com os impactos potenciais cumulativos em seus valores culturais e ambientais únicos. Os valores culturais e ambientais ímpares do rio Fitzroy e de sua bacia têm importância nacional e internacional. O rio Fitzroy constitui ser ancestral vivo e tem direito à vida. Deve ser protegido para as atuais e as futuras gerações, e ser gerido conjuntamente pelos Proprietários Tradicionais do rio.

Os Proprietários Tradicionais da bacia do rio Fitzroy concordam em trabalhar em conjunto para:

1. Iniciar processo para a tomada de decisão juntamente com o Prescribed Body Corporates sobre atividades na bacia hidrográfica do rio Fitzroy;
2. Alcançar posição comum sobre o fraturamento (*fracking*) na bacia hidrográfica do rio Fitzroy;
3. Criar uma zona-tampão, sem mineração, óleo, gás, irrigação e represas na bacia hidrográfica do rio Fitzroy;
4. Elaborar e acordar um Plano de Gestão para toda a bacia hidrográfica do rio Fitzroy, baseado em valores tradicionais e ambientais;
5. Desenvolver uma Agência de Gestão do Rio Fitzroy para a bacia, fundamentada na governança cultural;
6. Complementar estas medidas com a criação conjunta de uma Área Indígena Protegida para o Rio Fitzroy;
7. Engajar-se com governos estaduais e locais para transmitir suas preocupações e assegurar-se do cumprimento do processo de comum acordo;
8. Pesquisar opções legais para apoiar as disposições acima, incluindo:
    a. Fortalecimento das proteções sob a Lista de Patrimônio Cultural Nacional da Lei de Proteção do Meio Ambiente e Conservação da Biodiversidade;
    b. Fortalecimento das proteções sob a Lei do Patrimônio Aborígine; e
    c. Legislação para proteger a bacia hidrográfica do rio Fitzroy e seus valores culturais e naturais únicos.

Fonte: OECD (2018[13]). *Implementing the OECD Principles on Water Governance: Indicator Framework and Evolving Practices*, https://doi.org/10.1787/9789264292659-en; Martuwarra Fitzroy River(2016[17]), *Fitzroy River Declaration*, https://martuwarrafitzroyriver.org/fitzroy-river-declaration.

Os métodos e as ferramentas de comunicação são cruciais para fortalecer a dinâmica de pactos pela gestão de recursos hídricos coletivamente acordados. No Arizona, as práticas de comunicação melhoraram muito nos últimos anos. Há alguns anos, as reuniões ocorridas na sede do Projeto do Arizona Central, no norte de Phoenix, começaram a ser transmitidas para que mais partes interessadas pudessem assistir e observar. A pandemia acelerou e melhorou essa tendência com a introdução de reuniões interativas e virtuais. A maioria das reuniões é realizada por órgãos públicos que têm de compartilhar agendas, anunciar reuniões, fornecer acesso aos materiais/recursos, etc. As lideranças têm se esforçado para viajar e conversar com as pessoas. Bons memorandos também se mostraram importantes para transmitir e compartilhar informações. É importante dispor de base de dados precisa para fornecer informações claras e harmonizadas. A base de dados é útil especialmente quando se trata de águas subterrâneas, porque a modelagem traz visibilidade para algumas evoluções que, de outra forma, seriam imperceptíveis. As partes interessadas podem ser céticas, daí a importância de ser transparente sobre os modelos utilizados.

Investindo no monitoramento e no controle hidrológico

No que diz respeito à conformidade do uso de recursos hídricos, a Declaração Anual de Uso de Recursos Hídricos (DAURH) é um instrumento auto-declaratório importante que exige que os grandes usuários brasileiros de recursos hídricos informem seu volume anual de adução. A DAURH é exigida nas bacias e nos sistemas onde há pressão sobre recursos hídricos e tem aprimorado o monitoramento dos seus usos em muitas bacias hidrográficas do Brasil. Na bacia do Piancó-Piranhas-Açu, as declarações exigidas dos usuários representam 75% da demanda hídrica atendida pelos seis reservatórios principais. Outras metodologias de monitoramento do uso da água foram implementadas, como sensoriamento remoto de áreas irrigadas, telemetria dos dados de uso da água e autodeclaração de uso da água usando aplicativos móveis (*apps*). Além disso, o escritório técnico contratado, em 2016, executou diversas atividades para apoiar a avaliação de conformidade do uso de recursos hídricos em águas federais e estaduais. Essas atividades incluíram a identificação e o registro de usuários de recursos hídricos, medição de vazão, monitoramento de operações do reservatório, identificação das obstruções nos rios e visitas técnicas às barragens. De 2017 a 2020, mais de duas mil visitas técnicas foram realizadas para verificar a situação do uso da água e a conformidade com as regras de uso. Além disso, imagens de satélites foram usadas para identificar e monitorar remotamente áreas agrícolas na região, bem como os usos irregulares, o que levou a ANA a coordenar a remoção de bombas de água e o fechamento de canais irregulares. A combinação de atividades de campo com as tecnologias remotas inteligentes melhorou a conformidade do uso da água e ajudou a controlar a demanda hídrica durante o período de seca severa que durou de 2013 a 2019. Entretanto, melhorias adicionais no monitoramento e na avaliação do uso da água na bacia são necessárias e estão em discussão. Tais melhorias incluem funções de gestão operacional do recurso hídrico para apoiar a implementação de regras de alocação da água, como monitoramento e controle hidrológico e da demanda hídrica, dragagem de rio, operações do reservatório, manutenção e segurança de barragens, eficiência do uso da água e controle de poluição. O Quadro 2.5 oferece exemplos internacionais.

Quadro 2.5. Monitoramento e controle hidrológico na Espanha, na França e na Califórnia, EUA

Condicionar direitos de uso de recurso hídrico a controle e comunicação

Na Bacia Hidrográfica do rio Júcar (BHJ), Espanha, quando o direito de uso da água é concedido, o detentor do direito é obrigado a instalar um sistema de monitoramento e comunicar as informações à Comissão de Usuários. O direito de uso do recurso hídrico pode até ser revogado de seu outorgado, em caso de falha em informar. Esse sistema de controle, não obstante, exige uma capacidade significativa de fiscalização devido aos 4.000 poços instalados na BHJ. Esforços foram feitos para melhorar o controle da retirada da água, especialmente nas áreas onde águas subterrâneas são exploradas em excesso. No sul da BHJ, o controle é executado pelas populações locais. Na Mancha Oriental, o controle é feito por meio da teledetecção. Não obstante, a UE está estimulando a Espanha a aumentar o controle sobre a retirada e uso da água. Necessita-se, também, de maior engajamento das partes interessadas para melhorar o controle e o monitoramento hidrológico. Sanções e penalidades também estão sendo consideradas para melhorar a aplicação dos controles e do monitoramento. A fim de aprimorar a comunicação sobre o uso da água e a conformidade na bacia hidrográfica do PPA, as obrigações constantes da DAURH poderiam ser vinculadas à possível remoção de direitos de uso de recurso hídrico, em caso de repetida falha ou inexatidão nas informações prestadas. Isto poderia aumentar as declarações prestadas sobre o uso da água e a conformidade, ao mesmo tempo em que melhoraria o monitoramento dos recursos hídricos e a fiscalização da alocação da água. Não obstante, as sanções deveriam ser precedidas e apoiadas por processos intensivos de engajamento das partes interessadas.

Avaliação e gestão mais rigorosas em áreas de estresse hídrico

Na França, a água é geralmente abundante, embora o estresse hídrico esteja aumentando em algumas regiões e haja episódios periódicos de escassez. Nas áreas com estresse hídrico, são exigidos relatórios mais detalhados da disponibilidade e do uso da água. As leis relacionadas à gestão de recursos hídricos são mais rígidas nessas áreas e o regime de alocação é mais inflexível. Um exercício de mapeamento foi empreendido para identificar áreas de estresse hídrico, subterrâneas ou de superfície. Isso é utilizado para definir as áreas de partilha da água, onde o déficit hídrico é estrutural. Estas zonas são o foco das reformas recentes para restaurar volumes de adução sustentáveis, bem como a criação de Organismos Únicos de Gestão Coletiva (*Organismes Uniques de Gestion Coletive*, OUGC) para incentivar irrigantes a alocar entre eles um volume definido de água, em nível de bacia.

Modelos de hidrologia para promover o diálogo e apoiar a tomada de decisão

Os modelos hidrológicos não são somente ferramentas importantes para alocar recursos hídricos, são também úteis para promover o diálogo entre partes interessadas e para apoiar a tomada de decisão bem-informada. Como tal, devem ser utilizados desde o início. Na Califórnia, a modelagem hidrológica mostrou-se útil para fornecer melhor compreensão da situação hidrológica e de sua provável evolução, ajudando, assim, na tomada de decisões melhores. Os problemas de exatidão dos dados podem ser importantes, destacando a necessidade de um sistema comum e harmonizado de contabilidade para toda a bacia. Os modelos podem também ser úteis para o aperfeiçoamento dos dados. Baseado na experiência da Califórnia, recomenda-se construir e utilizar modelos hidrológicos, precocemente, e aperfeiçoá-los com o passar do tempo, ao invés de coletar dados por muitos anos antes de começar a construir qualquer modelo. Na Espanha, a avaliação dos recursos disponíveis e das demandas, em cada sistema de recursos hídricos, é realizada nos Planos de Gestão de Bacias. Produz-se um inventário de recursos hídricos disponíveis, e identificam-se os usos e as demandas existentes de água. Foram desenvolvidos métodos de avaliação de recursos hídricos para todo o território nacional, bem como modelos de simulação de recursos hídricos que levam em consideração recursos hídricos convencionais e não convencionais, vazões ambientais, demandas hídricas, infraestrutura hídrica, prioridades de uso da água e regras de exploração para estabelecer alocações e reservas de água.

Fonte: OECD/ANA(2021[18]),"Oficina sobre fortalecimento da governança na bacia hidrográfica do rio Piancó-Piranhas-Açu (25-28 maio 2021)".

Melhorando mecanismos de alocação de água

O termo "regime de alocação de água" é utilizado para descrever o processo e as ferramentas envolvidos no compartilhamento de recursos hídricos entre os diferentes usuários de água. Isso inclui o estabelecimento de planos de recursos hídricos que definem a disponibilidade hídrica e a concessão de outorgas de uso de água a usuários individuais. Inclui também a alocação de recursos hídricos em longo prazo, bem como ajustes sazonais à quantidade de água disponível aos diferentes usuários, e a alocação das águas superficiais e subterrâneas. Existem diversas ferramentas para traduzir os princípios da alocação para uma gestão hídrica concreta. Isso inclui planos de gestão hídrica, licenças de uso da água, títulos coletivos e ferramentas de fiscalização e monitoramento.

A OCDE(2015[19]) demonstra que o Brasil alcançou progresso notável na reforma de seu setor hídrico desde a Lei das Águas de 1997. Entretanto, as pressões econômicas, climáticas e de urbanização podem aumentar as tensões entre usuários de recursos hídricos em algumas regiões e bacias, como, por exemplo, na bacia do rio Piancó-Piranhas-Açu (PPA). O relatório recomenda fortalecer a coordenação entre políticas hídricas federais e estaduais e estabelecer regimes mais robustos de alocação da água que possam lidar melhor com os riscos futuros de escassez hídrica (Quadro 2.6).

Quadro 2.6. Avaliação da OCDE e recomendações para alocação de água no Brasil

Três grandes fragilidades que necessitam ser enfrentadas

Os planos de recursos hídricos - em níveis federal, interestadual e estadual, de bacia hidrográfica ou de unidade de planejamento hidrológico - não estabelecem prioridades ou critérios que possam levar a decisões de alocação. Além disso, os planos geralmente não levam em conta eventos cíclicos, como as secas e, carecem de clareza, em termos de prioridades no uso de recursos hídricos, em épocas de crise. O planejamento setorial ocorre mais de forma isolada (por exemplo: desenvolvimento de energia hidrelétrica, ampliação da irrigação), frequentemente, desvinculado dos processos de planejamento de recursos hídricos.

A responsabilidade por muitas decisões de alocação é dos comitês de bacia ou das agências estaduais - entidades cujas prioridades de alocação da água podem diferir daquelas em nível federal. As tensões possíveis entre prioridades federais e estaduais são exacerbadas pelos desafios impostos pela dupla dominialidade

A implementação da política de alocação de água continua a ser a exceção, não a regra.

Sugestões para regimes robustos de alocação de água no Brasil

Uma combinação de três grupos de medidas pode ajudar a enfrentar as fragilidades identificadas.

Primeiramente, os recursos hídricos disponíveis e as prioridades para o uso de recurso hídrico devem ser claramente definidos:

- Definir vazões de referência que maximizem os benefícios e a eficiência do uso de recurso hídrico; isso pode envolver direitos de uso de recurso hídrico com diferentes níveis de confiabilidade ou permitir que os usuários determinem seus próprios níveis de risco.
- Os planos de recursos hídricos devem identificar prioridades e orientar as decisões de alocação. Eles devem incentivar o uso múltiplo dos recursos hídricos dos reservatórios.

Em segundo lugar, os instrumentos das políticas públicas devem ser projetados para servir aos objetivos da política de alocação de água:

- Definir critérios para emitir outorgas de uso de recursos hídricos que sejam consistentes e aumentem a flexibilidade para os usuários de recursos hídricos (por exemplo: direitos coletivos de uso da água para irrigação).
- Desenvolver instrumentos econômicos que combinem eficiência e flexibilidade, incluindo mecanismos de precificação para facilitar a realocação de água entre usuários de recursos hídricos.

Em terceiro lugar, definir os arranjos de governança para assegurar a alocação eficiente:

- Estabelecer mecanismos para monitorar e garantir o regime de alocação da água.
- Criar arranjos institucionais para fortalecer a capacidade dos estados de desenvolver planos e definir prioridades, incluindo a coerência com o nível federal para cursos de água de duplo domínio .
- Informar, capacitar e envolver os usuários de recursos hídricos na tomada de decisão.

Fonte: OECD (2015[19]), *Water Resources Governance in Brazil*, https://doi.org/10.1787/9789264238121-en.

Todos os recursos hídricos do Brasil estão em domínio público (federal ou estadual). A Lei das Águas de 1997 estipula que o consumo humano e a dessedentação animal têm prioridade sobre os outros usos nos períodos de escassez hídrica. Conforme o decreto 3.692/2000, a ANA deve estabelecer vazões mínimas para os rios estaduais que alimentem rios federais.

Dependendo do equilíbrio entre abastecimento e demanda hídrica estimado para o ano seguinte, os reservatórios e os rios podem estar sujeitos a alocações negociadas de água para aquele ano (Alocação de Água - AA). Um acordo permanente de recursos hídricos (chamado marco regulatório - MR) foi criado para reservatórios e rios com um déficit hídrico crônico (sujeitos a várias AAs). O objetivo é estabelecer limites sobre o volume total de água disponível para alocação e determinar regras para compartilhar a água durante períodos de escassez. Ambos os instrumentos geralmente estabelecem:

- uma cota para cada uso da água (abastecimento humano, irrigação, etc.)
- restrições ao uso da água para preservar usos múltiplos na eventualidade de escassez hídrica

Os regimes de alocação de água na bacia hidrográfica do PPA foram estabelecidos por meio de acordos de uso da água (*water agreements*) em nível local. Em 2018 e 2019, após processo intenso de debate, os Marcos Regulatórios (MRs) foram discutidos e implementados nos principais sistemas de reservatórios da bacia hidrográfica. Em muitos casos, as regras de alocação de água evoluíram para definições conjuntas assinadas pela ANA e pelas agências dos governos estaduais, definindo as regras de uso de águas federais e estaduais, enfrentando, assim, as questões relacionadas à dupla dominialidade. Tais acordos de alocação de água geralmente estabelecem uma quota para cada uso da água, considerando a disponibilidade hídrica do sistema hidrológico. Há também regras de restrição de uso da água, associadas aos níveis dos reservatórios ou às vazões dos rios. Entretanto, é importante que se incentive o desenvolvimento institucional para implementar regras de alocação de água tanto em sistemas locais, quanto em grandes trechos de rio.

A implementação das AAs e dos MRs na bacia do PPA começou em 2015. Em 2021, sete (de onze) reservatórios situados na bacia estavam sob o MR e outros dois sujeitos a uma AA. Além das AAs e MRs, a conformidade com os níveis mínimos de vazão dos rios e de água nos reservatórios, estabelecidos pela Lei das Águas de 1997, pode provocar limitações adicionais ao uso do recurso hídrico.

O CBH conduz os processos de AA. As comissões "ad hoc" asseguram a implementação apropriada das AAs e emitem comunicados em relação ao estado dos recursos hídricos e riscos de escassez. Os MRs são passíveis de fiscalização por meio de resolução da ANA ou da agência de água estadual competente, ou de ambas. Eles resumem os conjuntos de regras definidas em consulta com governos locais e usuários da água (por exemplo: vazões de referência ao longo da bacia, como base para decisões de alocação). Onde quer que estejam em vigor, todas as outorgas de uso da água devem incluir as condições que exigem que o usuário da água cumpra as regras estabelecidas pelo MR.

A Tabela 2.2 resume as características-chave do regime de alocação de água no Brasil.

Tabela 2.2. Regime de alocação de água no Brasil

Componentes	Característica
Contexto legal para a alocação de água	Direito romano em contraponto ao direito consuetudinário (em vigor na Austrália e nos Estados Unidos), isto é, não há nenhum direito a áreas ribeirinhas ou apropriação prévia no Brasil. Há direitos estatutários de uso de recurso hídrico independentemente dos títulos de propriedade de terra
Prioridade de alocação	Por lei, o consumo humano e a dessedentação animal têm prioridade sobre a alocação de água em condições de seca; em nível da bacia, a ordem de prioridade entre os demais usos da água pode ser fixada, expressamente, pelo plano da bacia hidrográfica ou, implicitamente, pelo marco regulatório
	Por lei, a energia garantida de hidreletricidade somente pode variar 5% a cada cinco anos e 10% durante os 35 anos da concessão
	As vazões ambientais são definidas por agências ambientais e variam de acordo com o rio
Outorga para uso de recurso hídrico	Não pode ser negociada ou alugada, mas pode ser transferida
	Pode ser perdida se não utilizada por 3 anos
	As outorgas individuais não são diferenciadas com base no nível de segurança da fonte (ou do risco de

	escassez)
	Concedida por 10 anos (pequena área irrigada; pequenas indústrias; aquicultura; pecuária; mineração; outros); 20 anos (áreas irrigadas acima de 2.000 ha; indústrias com aduções acima de 1 m³/s) ou 35 anos (reservatórios para controle de enchentes ou hidrelétricas e outras estruturas hidráulicas; abastecimento de água e saneamento públicos); estados podem ter suas próprias regras para definir por quanto tempo os direitos são válidos
	Em rios federais selecionados, os usuários com adução de água acima dos limites definidos são obrigados a instalar dispositivos de medição
	Os pedidos de outorga estão sujeitos a uma avaliação de impacto sobre os direitos hídricos existentes; em situações específicas estab elecidas por lei, novos pedidos de outorga podem motivar novos marcos regulatórios que podem levar à revisão das outorgas atuais
Limites de adução	Em nível da bacia, os marcos regulatórios estabelecem limites/quotas permanentes de adução para cada uso da água (por exemplo: área irrigada máxima de "x" hectares corresponde a um teto de "y" m³/s)
	Em nível de corpo hídrico, no caso de escassez hídrica, a alocação pode ser mais baixa que a outorga estipula e variar de ano a ano e de estação a estação, dependendo das discussões diretas com os usuários do recurso hídrico ("Alocação negociada da água")
Cobranças pelo uso de recursos hídricos	Os titulares de outorgas de uso de recurso hídrico podem ser obrigados a pagar pela retirada de água de bacias onde esses encargos forem estabelecidos, como na bacia do Rio São Francisco; com base no volume anual de água retirada (contada ou declarada) para agricultura, indústria e residências; com base na produção de energia (6,75%) para hidrelétricas
Mecanismo de resolução de conflitos	Os conflitos pelo uso da água são primeiro trazidos ao CBH para resolução. Se não for resolvido, o conflito pode ser levado ao conhecimento do CERHS ou da CNRH. Conflitos entre CERHs são resolvidos pela CNRH

Fonte: Adaptado de OECD (2015[20]), *Water Resources Allocation: Sharing Risks and Opportunities*, https://doi.org/10.1787/9789264229631-en.

O Plano Nacional de Recursos Hídricos (PNRH), entretanto, não fornece clara orientação sobre como a alocação de água entre setores deve ser resolvida nas épocas de escassez hídrica. Para controlar o risco de escassez, a alocação da água na bacia do PPA é baseada principalmente nos acordos negociados entre usuários anualmente (AAs), que podem se transformar em marco regulatório (MR), caso persista o risco de escassez em um rio ou um reservatório.

Metodologias de precificação podem alocar água entre usuários a um custo-benefício melhor. Este é o caso de cobranças pelo uso de recursos hídricos dispostas na Lei das Águas de 1997, introduzidas, até certo ponto, no estado da Paraíba, contanto que reflitam o risco de escassez e que as taxas não sejam diferenciadas entre usuários. Sistemas de limites e comércio de emissões de gases de efeito estufa (*cap-and-trade systems*) teriam o melhor custo-benefício ao estabelecer (1) um teto à adução e (2) um preço para a outorga pelo uso da água, implicitamente taxando a adução de acordo com a demanda da água, melhorando, assim, a eficiência do uso do recurso hídrico. As cobranças pelo uso de recursos hídricos e os sistemas de outorgas (mercado de água) serão discutidas abaixo, bem como a combinação entre eles ou com a regulação direta.

Vazões ambientais

A alocação de água constitui essencialmente meio de controlar o risco de escassez e de ajustar usos concorrentes. Ao estabelecer regimes de alocação de água, as vazões de referência devem levar em consideração as demandas não-consuntivas de água, incluindo as vazões ambientais (*e-flows*), que indicam o regime de vazão necessário para sustentar serviços ecossistêmicos em nível necessário (Quadro 2.7).

Quadro 2.7. Opções para tratamento de fluxos de vazões dentro de regime de alocação de água

Ao desenvolver um regime de alocação e estabelecer um limite à adução de longo prazo, é importante decidir se serão incluídas algumas ou todas as outorgas para uso de recurso hídrico neste limite. A abordagem mais comum é de reservar quantidade suficiente para necessidades ambientais, usos não-consuntivos e transposições a outros sistemas (incluindo obrigações a jusante) como de direito prévio e, então, a alocação do restante da água para fins de consumo.

Uma abordagem alternativa que está sendo testada na Austrália é destinar uma quantidade de água ao meio ambiente, na forma de direito de uso da água (*entitlement*), uma parte de todas as entradas, e definir esse direito de uso de recurso hídrico separadamente dos arranjos utilizados para assegurar que as vazões de base, por exemplo, sejam mantidas. Na bacia de Murray-Darling, um Armazenador Ambiental de Água da Comunidade Britânica (*Commonwealth Environmental Water Holder*) foi estabelecido e espera-se que, até 2019, detenha cerca de um terço do direito de uso da água da bacia. Sob esse novo arranjo, o governo não pode alocar água aos consumidores sem fazer uma alocação *pro rata* ao Armazenador Ambiental de Água da Comunidade Britânica. A Austrália está utilizando essa abordagem, a fim de destinar a água para uso ambiental no mesmo nível dos outros usos da água. Sob este arranjo, as alocações são feitas proporcionais ao número de direito de uso da água obtidas com propósitos ambientais, independentemente do nível pluviométrico da região. Os administradores, por conseguinte, não podem transferir a água de uso ambiental a outros usuários.

Nos Estados Unidos, grupos não-governamentais têm comprado água para garantir a proteção ao meio ambiente. Um exemplo bem conhecido é o do Oregon Water Trust que se transformou em um programa do The Freshwater Trust, em 2008.

Fonte: OECD (2015[20]), Water Resources Allocation: Sharing Risks and Opportunities, https://doi.org/10.1787/9789264229631-en.

A vazão ambiental é um assunto muito técnico (com nível mínimo, nível máximo, nível de vazão ao longo do tempo). Grande parte da determinação das vazões ambientais foca na vazão mínima em relação à escassez de água com o objetivo de preservar os ecossistemas a jusante (Quadro 2.7). Diferentes metodologias podem ser utilizadas. Uma delas é baseada em dados históricos que são utilizados para analisar vazões mínimas históricas. Por meio da modelagem de dados históricos, a regulação de vazão mínima é determinada. Outro método utiliza-se de estudos biológicos para determinar as necessidades dos peixes e as exigências de vazões mínimas associadas. Esse método é executado com o apoio de acadêmicos e pesquisadores das universidades. Além disso, há importante trabalho hidrológico e de planejamento feito com fornecedores de eletricidade para adaptar as vazões.

Na Espanha, a visão das exigências ambientais mudou muito. No passado, a visão dominante era mais utilitária, com a finalidade de usar a água e o meio ambiente para criar riquezas. O foco começou a mudar na década de 1990, quando uma importante seca comprometeu o fornecimento urbano de água. Mais tarde, a Diretiva Quadro da Água ajudou a desenvolver e fortalecer o conceito de vazão ecológica dos rios. Existe, ainda, a necessidade de se aumentar essas vazões, mas é difícil fazer os usuários compreenderem a necessidade de manutenção de algumas condições ecológicas. Isto se tornará cada vez mais importante no futuro, especialmente para adaptar-se às mudanças climáticas, com o aumento da temperatura da água se transformando em um problema. A importância de vazões ambientais é amplamente reconhecida e a falha em proporcionar vazões ambientais adequadas pode levar a múltiplos impactos negativos, frequentemente, inesperados (Quadro 2.8).

Quadro 2.8. Impactos da desconsideração das vazões ambientais

Os sistemas de água doce fornecem ampla gama de serviços ecossistêmicos. Mudanças no regime de vazão natural podem impactar a capacidade de um rio de fornecer esses serviços. Práticas impróprias de alocação de água podem significar que muitos benefícios que os rios oferecem - gratuitamente - podem ser perdidos, com impacto significativo às comunidades humanas dependentes. Os exemplos das experiências internacionais incluem:

- **Aumento do risco de inundação** - como no Rio Amarelo, na China, onde a superalocação resultou no acúmulo de sedimentos e em mudanças na morfologia do rio. Isto fez com que o rio subisse acima da planície alagável e provocasse um aumento significativo no risco de inundação. As vazões alocadas (*dedicated flows*), representando cerca de 35% da vazão anual média, são agora utilizadas como parte do regime de alocação para melhorar a movimentação dos sedimentos, no esforço para reduzir o risco de inundação.
- **A intrusão salina e a consequente degradação ambiental**, como no Rio Indus, Paquistão, onde a superalocação e as vazões altamente reduzidas na foz levaram à intrusão de água salgada para cerca de 64 quilômetros adentro, resultando na perda de, aproximadamente, 1,2 milhão de acres de terra arável.
- **Diminuição do número de peixes e de outras espécies aquáticas**, como no Rio Yangtze, China, onde as mudanças no regime de vazão a jusante, por causa da construção da Barragem das Três Gargantas, causaram diminuição no estoque de peixes jovens das quatro principais espécies de carpas em até 95%, com efeitos subsequentes na produção pesqueira.

Fonte: Poff, L., R. Tharme and A. Arthington (2017[21]), "Evolution of environmental flows assessment science, principles, and methodologies", http://dx.doi.org/10.1016/B978-0-12-803907-6.00011-5.

Nos EUA, necessidades ambientais e demandas hídricas são decentralizadas e variam de acordo com cada jurisdição. Lidar com a vazão ambiental é chave para manter os ecossistemas aquáticos em boas condições, uma vez que eles aumentam a sustentabilidade e melhoram a qualidade da água. Não obstante, as vazões e as necessidades ambientais são de difícil valoração.

Mecanismos de compensação

A prioridade dada por lei ao consumo humano e animal em detrimento de outros usos, em época de escassez hídrica, pode levar (o que já ocorreu) a privar os produtores rurais de seus direitos referentes à água, com consequências econômicas decorrentes da ausência de um mecanismo financeiro de compensação. Para compensar os agricultores que se deparam com essa situação ou para evitar que essa situação ocorra, três opções poderiam ser consideradas: (1) um regime de seguro ou resseguro garantido pelo governo federal poderia ser combinado com o atual esquema de cotas AA/MR, (2) a generalização das cobranças pelo uso de recursos hídricos poderia substituir a regulação direta (ou seja, o regime AA/RM) por um sistema de subsídios cruzados em favor dos agricultores, conforme acima descrito, ou (3) leilão de cotas AA/MR poderia ser permitido, mas garantindo os direitos originários dos produtores rurais.

No Brasil, os grandes bancos públicos (Banco do Brasil, Banco da Amazônia) cobrem os custos do seguro agrícola (até certo ponto) para fazendeiros de baixa renda. Não há nenhum seguro para irrigação. Há certamente melhor custo-benefício na cobertura do risco de não-produção do que cobrir o risco de falta de água para irrigação. Este último poderia ser considerado um subsídio a insumos agrícolas e ficaria sob a disciplina de subsídio da OMC.

O seguro multirrisco (pragas, secas, danos causados pela vida selvagem às culturas, etc.) aumentaria a base para os prêmios de seguro e reduziria a taxa. O mesmo raciocínio aplica-se ao seguro em nível de bacia para consorciar o risco entre todos os fazendeiros daquela bacia. Os contratos de seguro plurianuais permitiriam uma recuperação melhor dos prêmios (pelo spread de risco). Definir um limite de risco de seca ("um nível aceitável" de risco de seca) melhoraria a transparência na atribuição de prêmios de seguro.

Para evitar o risco moral, em vez de subsidiar o prêmio do seguro de alguns fazendeiros (de renda mais baixa), haveria melhor custo-benefício em aplicar um valor mínimo de prêmio a todos os fazendeiros, introduzir um prêmio adicional para aqueles de maior renda e redistribuir essa renda para ajudar os mais pobres a pagar o prêmio mínimo.

Os instrumentos de precificação da água poderiam ser úteis para complementar o seguro de colheita. Em caso de seca, os mercados de água compensariam (em parte) a perda da produção agrícola com um valor mais elevado de direitos de uso de recurso hídrico, especialmente direitos de uso da água de longo prazo (ajuste de mercado). A generalização das cobranças pelo uso de recursos hídricos de acordo com o risco de escassez exigiria a definição de um limite aceitável de risco de escassez, melhorando assim a implementação do seguro agrícola. O Quadro 2.9 apresenta uma visão geral do funcionamento dos instrumentos de gestão de riscos agrícolas nos países da OCDE e nas economias emergentes.

Quadro 2.9. Instrumentos de gestão de riscos agrícolas

Um papel fundamental do governo na gestão de riscos agrícolas (GRA) é o de facilitar o desenvolvimento de informações sobre riscos agrícolas. Uma melhor avaliação de risco *ex ante* reduz problemas de seleção adversa que surgem porque os produtores sabem mais que a seguradora sobre os riscos que afetam sua produção agrícola.

Apoio governamental a políticas de GRA deve se limitar a fornecer proteção contra "perdas catastróficas", definidas pela Organização Mundial do Comércio como perdas superiores a 30% de uma média histórica de produção ou nível de renda. No entanto, desde o lançamento das reformas de políticas agrícolas no final da década de 1980, com o objetivo de eliminar gradualmente a proteção de fronteiras e os preços garantidos ao produtor, os governos dos países da OCDE e das economias emergentes quase quadruplicaram os gastos com políticas de GRA, atingindo US$ 25 bilhões em 2019. Isso inclui o seguro agrícola (73% dos gastos em 2019), ajuda *ex post* em catástrofes (20%), programas de estabilização de renda (5%) e medidas fiscais e de poupança (2%).

O seguro agrícola garante aos produtores um nível de rendimento ou receita em troca de um prêmio pago com base em uma estimativa atuarial de risco. Ele pode oferecer proteção contra um único risco (como o seguro agrícola) ou vários riscos. Os sinistros são baseados na perda real de rendimento (contratos baseados em indenização) ou rendimento regional, clima ou outras variáveis (contratos baseados em índices).

O auxílio *ex post* contra catástrofes compensa os produtores após uma catástrofe natural. Na maioria das vezes, a decisão do governo de intervir é tomada após o fato, de modo que, no momento do plantio, os produtores não sabem se estarão ou não protegidos no caso de um desastre.

Os programas de estabilização de renda visam a manter a renda dos produtores em torno da média dos últimos anos, geralmente garantindo uma renda mínima. Ao contrário do seguro agrícola, que é voltado para culturas individuais, a estabilização da renda diz respeito a toda a produção da propriedade.

As medidas fiscais e de poupança visam a reduzir a variabilidade da renda por meio de contas de poupança com impostos diferidos, em que o governo iguala os depósitos de poupança do produtor até um valor definido e permite que os produtores optem por não participar do programa, muitas vezes sem qualquer penalidade, nos anos em que a renda agrícola cair abaixo de um determinado nível.

Os gastos do governo com políticas de GRA podem representar parcela significativa do apoio ao produtor (*Producer Support Estimate* - PSE), conforme estimado pela OCDE, como uma porcentagem das receitas brutas da propriedade. No período de 2017 a 2019, os gastos governamentais representavam 15% do PSE no Brasil, 22%, nos Estados Unidos, 30%, no Canadá e 60%, na Austrália, mas apenas 3%, na UE 28.

As políticas de GRA (seguro agrícola) distorcem as escolhas de produção e o uso de insumos agrícolas, incluindo água para irrigação e, portanto, são mais propensas a aumentar a pressão ambiental do que as políticas de GRA que apoiam a renda (programas de estabilização de renda, medidas fiscais e de poupança). A maneira mais eficaz de gerenciar o risco de escassez de água para irrigação por meio de políticas de GRA de apoio à renda seria condicionar o subsídio dos prêmios de seguro a resultados ambientais, como a eficiência no uso da água para irrigação.

Um problema comum a todas as políticas de GRA é que criam riscos morais, ou seja, o segurado tem um incentivo para aumentar sua exposição ao risco porque não arca com os custos totais de tal risco. Para minimizar o risco moral, a maioria das políticas de GRA inclui uma franquia dedutível (ou seja, o produtor deve pagar pelas perdas até um nível acordado a partir do qual o seguro começa a cobrir) e/ou um copagamento em que a seguradora paga apenas parte da indenização (o restante sendo absorvido pelo segurado). Por exemplo, sob o programa de seguro agrícola dos Estados Unidos, as franquias geralmente são fixadas em 25% ou mais para culturas em que a experiência atuarial pode ser limitada.

Fonte: Glauber, J. et al.(2021[22]), "Design principles for agricultural risk management policies", https://doi.org/10.1787/1048819f-en.

As experiências internacionais demonstram que a informação e o engajamento das partes interessadas são fundamentais para resolver conflitos na ausência de mecanismos de compensação. Na Califórnia, o estado criou um sistema comum de contabilidade hídrica para que todas as partes interessadas tenham acesso e usem dados e informações semelhantes. A existência de dados e de uma base comum para o entendimento técnico é crucial para acordos ao longo do tempo. Os governos estaduais ou locais podem então organizar discussões sobre a alocação de água usando as informações do sistema de contabilidade hídrica. Essa é uma prática comum na Califórnia com relação à questão dos direitos de uso de recursos hídricos. As discussões ocorrem antes da seca, já que, durante a seca, a pressão da emergência aumenta a sensibilidade política. A maioria das decisões sobre a água é tomada localmente, onde a demanda hídrica está situada e onde ocorrem o uso da terra e outros fatores de demanda por água. Além disso, essa prática promove responsabilidades e deveres muito mais diretos aos usuários de recursos hídricos. Na Espanha, o abastecimento urbano de água é considerado um uso prioritário da água. Assim, normalmente não há compensação para outros usuários quando o uso da água é restringido ou cortado em caso de seca. No entanto, durante a seca de 2005-2006, uma oferta pública foi realizada para vender direitos de uso de águas subterrâneas com intuito de manter a vazão ecológica. Isso reduziu, com sucesso, o bombeamento. Além disso, na costa mediterrânea espanhola, tribunais tradicionais são responsáveis por resolver os conflitos pelo uso da água entre os irrigadores (Quadro 2.10).

Quadro 2.10. Tribunais dos irrigadores na costa mediterrânea espanhola

Os tribunais dos irrigadores da costa mediterrânea espanhola são tribunais tradicionais de gestão de recursos hídricos que datam do período al-Andalus (séculos IX a XIII). Os dois tribunais principais – o *Consejo de Hombres Buenos de la Huerta de Murcia* e o *Tribunal de las Aguas de la Vega de Valencia* – são reconhecidos pela lei espanhola. Inspirando autoridade e respeito, esses dois tribunais, cujos membros são eleitos democraticamente, resolvem os litígios oralmente de forma célere, transparente e imparcial. O *Consejo de Hombres Buenos* é composto por sete membros geograficamente representativos e tem jurisdição sobre uma assembleia de proprietários de terras composta por 23.313 membros. O *Tribunal de las Aguas* é composto por oito administradores eleitos que representam um total de 11.691 membros de nove comunidades. Além de seu papel jurídico, os tribunais dos irrigadores desempenham papel fundamental nas comunidades das quais são um símbolo visível, como evidenciam os ritos realizados quando os julgamentos são proferidos e o fato de que esses tribunais, frequentemente, figuram na iconografia local. Eles promovem coesão entre as comunidades tradicionais e sinergia entre os trabalhadores (guardas, inspetores, podadores etc.), contribuem para a transmissão oral de conhecimentos derivados de intercâmbios culturais centenários e utilizam vocabulário próprio e específico salpicado de termos de origem árabe. Em suma, os tribunais são repositórios de longa data da identidade local e regional e têm um significado especial para os habitantes locais.

O *Tribunal de las Aguas de la Vega de Valencia* é uma instituição de justiça responsável por resolver disputas decorrentes do uso da água de irrigação entre agricultores. É a mais antiga instituição de justiça existente na Europa. O Tribunal das Águas é um tribunal consuetudinário composto por um representante de cada uma das oito Comunidades de Irrigação, denominadas Curadoras. O Presidente do Tribunal é eleito entre os membros dessas Comunidades de Irrigação por um período renovável de dois anos. Todas as quintas-feiras, o Tribunal se reúne em sessão pública à tarde, ao passo que uma sessão administrativa é realizada ao final do dia para discutir diversos assuntos, principalmente a distribuição de água.

Fonte: UNESCO(2021[23]), "Irrigators' tribunals of the Spanish Mediterranean coast: the Council of Wise Men of the plain of Murcia and the Water Tribunal of the plain of Valencia", https://ich.unesco.org/en/RL/irrigators-tribunals-of-the-spanish-mediterranean-coast-the-council-of-wise-men-of-the-plain-of-murcia-and-the-water-tribunal-of-the-plain-of-valencia-00171.

Fortalecendo o uso de instrumentos econômicos na Bacia Hidrográfica do rio Piancó-Piranhas-Açu

Precificando e financiando gestão integrada de recursos hídricos na Bacia Hidrográfica do PPA

Três grandes desafios econômicos estão presentes na bacia do PPA. O primeiro é o financiamento da operação e manutenção (O&M) de infraestrutura de armazenamento e transporte de água bruta, fundamental para essa área semiárida. Sua importância cresceu uma vez que a transposição do rio São Francisco aumentou as esperanças de desenvolvimento socioeconômico na bacia. A bacia do PPA é carente de financiamento para O&M dos pequenos reservatórios da bacia. Aparentemente, não há provisão para cobrir O&M dessas infraestruturas na precificação dos serviços de água e saneamento ou água de irrigação. O segundo desafio é a implementação do princípio de "água paga a água", que consiste em alocar as receitas da cobrança pelo uso de recursos hídricos à Gestão Integrada de Recursos Hídricos

(GIRH, no CBH). O terceiro desafio é a alocação de água e a gestão da demanda para promover o uso eficiente da água e administrar o risco de escassez sob o ângulo do custo-benefício.

Os instrumentos de precificação (cobranças pelo uso de recursos hídricos, mercados de água) são relevantes para enfrentar os três desafios. Eles criam incentivos para reduzir a demanda hídrica e alocar a água de forma custo-efetiva. Eles arrecadam recursos para financiar a infraestrutura e a GIRH. Uma estrutura conceitual foi proposta para criar instrumentos de precificação e financiamento na bacia do PPA (Figura 2.6). A cobrança pelo serviço de adução de água bruta (*user charge*) e a cobrança pelo uso dos recursos hídricos (*abstraction charge*), conforme estabelecidas na Lei das Águas de 1997, têm objetivos diferentes. A cobrança pelo serviço de adução de água bruta visa a recuperar os custos dos serviços de oferta de água (pagamento com contrapartida). A cobrança pelo uso de recursos hídricos visa a gerir os recursos hídricos e deve contribuir para o orçamento geral (pagamento sem contrapartida). Embora limitando a flexibilidade no uso de fundos públicos, mas melhorando a aceitabilidade pública/política da cobrança pelo uso de recursos hídricos, isso representa a aplicação do princípio "a água paga a água". Esse princípio também pode ser aplicado no caso de um sistema *cap-and-trade* de leilão de direitos de uso da água, alocando os proventos do leilão à GIRH.

Os grandes usuários de água bruta devem financiar a O&M da infraestrutura de armazenamento e transporte (reservatórios e Projeto de Integração do São Francisco - PISF), por meio da cobrança pelo serviço de adução de água bruta (*user charges*), conforme a própria definição da cobrança (pagamento em contrapartida pela prestação de serviços) (Figura 2.6). O valor pode ser repassado ao consumidor final na conta de água (ou seja, a cobrança pelo uso da água). Como regra geral, tal como acontece com as infraestruturas urbanas de abastecimento de água, recorrer a financiamento público para a O&M de infraestruturas de água bruta deve ser considerada uma medida temporária e as cobranças ao usuário (pelo serviço de adução de água bruta) devem, ao longo do tempo, recuperar todos os custos para garantir a sustentabilidade financeira dos operadores de infraestruturas.

Figura 2.6. Marco conceitual para a precificação e financiamento da gestão integrada de recursos hídricos na bacia do PPA

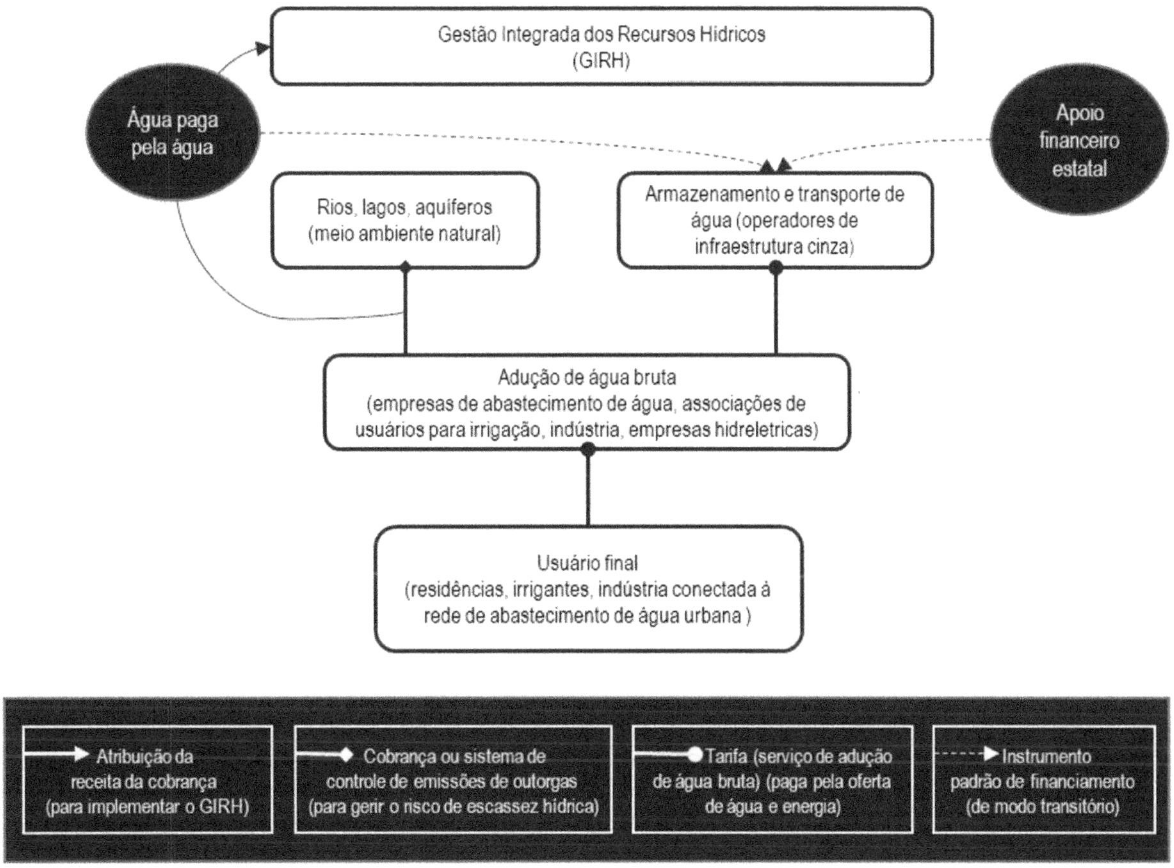

Financiando operação e manutenção da infraestrutura de armazenamento e transporte de água

O financiamento da operação e da manutenção (O&M) de grandes infraestruturas de armazenamento (água bruta) é essencial para a segurança do abastecimento de água na bacia do PPA. O governo federal arca com os custos de capital de todos os principais projetos federais de infraestrutura de água bruta, mas não é responsável pelos custos de O&M. Na prática, os pagamentos das agências estaduais (AESA e IGARN) ao operador dos reservatórios federais (DNOCS) para receber água bruta cobrem apenas parte dos custos de O&M dos reservatórios federais. O DNOCS (ou seja, o tesouro nacional) cobre a diferença. Recentemente, o Ministério do Desenvolvimento Regional (MDR) apresentou ao Congresso projeto de lei para obrigar os usuários a cobrir os custos de operação e manutenção dos reservatórios federais.

O mesmo princípio deve ser aplicado para cobrir os custos de O&M do PISF quando ele entrar em operação. Em outras palavras, os usuários de recursos hídricos nos quatro estados atendidos pelo PISF (Ceará, Paraíba, Pernambuco e Rio Grande do Norte) devem pagar ao seu operador federal (CODEVASF) o suficiente para financiar integralmente os planos de O&M. A ANA (na qualidade de reguladora de água e saneamento desde 2020) planeja revisar a estrutura das cobranças pelo uso de recursos hídricos para permitir a recuperação dos custos de O&M do PISF (estimado em US$ 53 milhões por ano para os quatro estados atendidos pelo PISF). Uma nova estrutura consistiria de dois componentes: uma cobrança permanente (US$ 0,05/m^3) para cobrir os custos fixos de O&M do PISF, e uma cobrança volumétrica adicional (US$ 0,09/m^3) para recuperar o custo de bombeamento de água do PISF (principalmente o custo de energia elétrica). As mesmas estruturas e taxas de cobrança se aplicariam aos quatro estados atendidos pelo PISF. O financiamento de O&M de outras infraestruturas de água bruta (não federais) ficaria a critério da política estadual de recursos hídricos.

A falta de uma política explícita de recuperação de custos para a O&M da infraestrutura ameaça a sustentabilidade da oferta de água bruta. Uma solução simples é que os usuários de recursos hídricos paguem o custo total de operação e manutenção da infraestrutura de abastecimento de água bruta. Em outras palavras, a AESA, o IGARN e qualquer outro grande usuário de água (por exemplo, cidades, associações de irrigação) deveriam pagar pelo uso de recursos hídricos à CODEVASF e ao DNOCS para cobrir os custos de O&M dos reservatórios e do PISF. Da mesma forma, no caso da infraestrutura não-federal de abastecimento de água bruta, os custos de O&M deveriam ser totalmente ressarcidos pelos usuários. Além disso, as cobranças criam um estímulo para reduzir o consumo de água (e melhorar a eficiência do uso da água), incentivando mudanças de comportamento.

Todos os grandes usuários de água deveriam pagar os custos de O&M igualmente (a taxa de cobrança volumétrica para todos) para melhorar a viabilidade (por exemplo, a aceitabilidade pública) e transmitir a todos a mesma mensagem quanto à conservação da água. Para manter a mensagem referente à conservação para todos, qualquer subsídio cruzado entre setores de água bruta (por exemplo, entre cidades e associações de irrigação) deveria ser implementado separadamente, por exemplo, introduzindo uma taxa adicional sobre a cobrança de cidades, cujas receitas seriam redistribuídas para associações de irrigação.

O apoio financeiro público para perímetros irrigados coletivos equivale a subsidiar os custos de fornecimento de água para irrigação na produção agrícola, que está sujeita às regras de subsídios da Organização Mundial do Comércio (OMC)(Kibel, 2014[24]). Essa prática desvirtua o uso da água ao incentivar a irrigação em detrimento de outros usos da água. A gestão dos recursos hídricos de irrigação poderia ser mais produtiva se direcionasse os recursos públicos para pagamentos diretos, a fim de ajudar os produtores rurais a comprar tecnologias para economia de água nas propriedades (por exemplo, irrigação por gotejamento).

Um argumento a favor do financiamento público para O&M de infraestruturas de armazenamento e transporte de água bruta é o benefício público, como a regulação da vazão de rios, água adicional para o meio ambiente, etc. Debates sobre os impactos e os benefícios da infraestrutura de abastecimento de água bruta deveriam ser documentados e fundamentados em argumentação técnica e científica para informar a formulação de políticas públicas. Se benefícios públicos forem demonstrados, eles poderiam justificar a cobertura dos custos de O&M pelo CBH, como parte de seu papel como autoridade de GIRH para a bacia hidrográfica do PPA. Isso implica o financiamento do CBH por meio da alocação de receitas das cobranças pelo uso de recursos hídricos, de acordo com o princípio "a água paga a água" implementado no Brasil. Na França, por exemplo, em 2021, a Agência de Água de Adour-Garonne destinou 4 milhões de euros para apoiar as comunidades locais na adequação de suas barragens ao objetivo de "recuperar os volumes inicialmente disponíveis e melhorar sua gestão em benefício do meio ambiente". Emblematicamente, o CBH poderia fornecer assistência financeira para O&M, se a infraestrutura proporcionasse benefício ambiental e não apenas benefício econômico. Ao promover benefícios ambientais, o "esverdeamento" da infraestrutura de água bruta (por exemplo, com a busca de co-benefícios para a biodiversidade ou para o clima, por meio do plantio de árvores ao longo dos canais ou a montante dos reservatórios) aumentaria a aceitabilidade do apoio ao CBH.

A criação de mais espaço para a infraestrutura de água "verde" permitiria a aplicação do princípio do beneficiário-pagador. Isso implicaria solicitar aos beneficiários (cidades, atividades econômicas) da bacia do PPA que remunerassem os serviços de regulação da vazão dos rios abastecidos pelos ecossistemas. O CBH ainda poderia fornecer assistência financeira para a O&M de infraestruturas de água "verde" (por exemplo, pântanos, planícies aluviais, florestas aluviais), já que proporcionam benefícios ambientais. O Corpo de Engenheiros do Exército dos EUA criou o *Engineering with Nature: An Atlas*, uma compilação de 118 projetos implementados em todo o mundo que mostra os benefícios e a diversidade das soluções baseadas na natureza (SBN), e como eles podem ser implementados.

Painéis solares flutuantes já podem ser vistos na bacia do PPA (no estado da Paraíba), com impacto nos recursos hídricos. Os possíveis efeitos de cobrir um reservatório com painéis solares flutuantes incluem, mas não se limitam a: redução da misturas dos reservatórios pela ação do vento, mudança na flora, fauna e organismos relacionados (pássaros, peixes, plantas aquáticas, mexilhões, insetos, algas, bactérias, vírus, etc.) presentes no reservatório ou a sua volta (Mathijssen et al., 2020[25]). O operador dos painéis solares deveria fornecer compensação financeira ao operador da infraestrutura hídrica pelos efeitos colaterais na vida aquática e na qualidade da água. O valor da compensação deveria ser utilizado para proteger e restaurar a vida aquática e a qualidade da água. No entanto, uma parte poderia ser destinada ao financiamento da O&M da infraestrutura de água bruta, o que equivaleria a aplicar uma espécie de princípio "a eletricidade paga a água".

Mesmo que tenha sido usada principalmente para promover o desenvolvimento urbano (princípio "cidade paga a cidade"), a captura de valor pode ser considerada uma ferramenta para o financiamento da infraestrutura de água bruta (Inter-American Development Bank, 2016[26]). Em outras palavras, o aumento do valor das terras atendidas por infraestruturas de água bruta poderia ser tributado durante um período específico e as receitas fiscais, destinadas à O&M dessa infraestrutura (princípio "a terra paga a água"). O Brasil possui sistema tributário vinculado ao valor da terra, tanto em áreas urbanas (Imposto Predial e Territorial Urbano, IPTU) quanto em áreas rurais (Imposto Territorial Rural, ITR). Esses impostos poderiam refletir, parcialmente, o aumento do valor da terra e da propriedade resultante da construção de infraestrutura hídrica. No entanto, a destinação da receita não é vinculada e depende do executivo local. A arrecadação é de competência municipal

Todas essas fontes de financiamento poderiam ser mobilizadas para facilitar a transição para a recuperação total dos custos de O&M por meio de cobranças pelo serviço de adução de água bruta e, no caso da infraestrutura "verde", por meio de pagamentos por serviços ecossistêmicos (Figura 2.7).

Figura 2.7. Financiando O&M de infraestrutura de água bruta na bacia do PPA

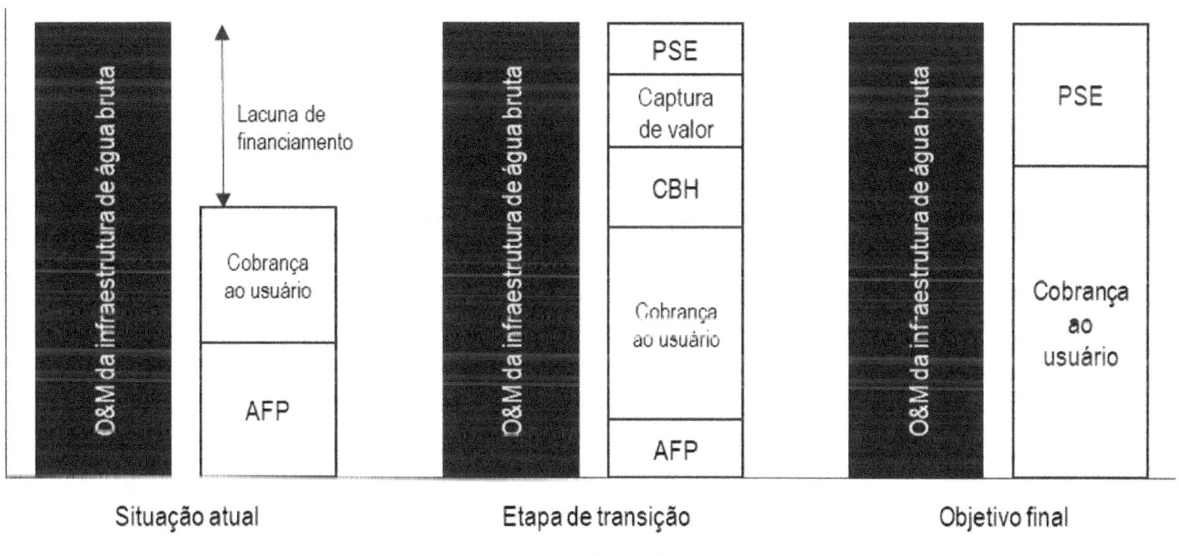

Notas: Infraestrutura de água bruta = reservatórios e PISF; AFP = apoio financeiro público (federal, estadual); Cobrança ao usuário = cobranças para o fornecimento de água bruta; CBH = Comitê de Bacia Hidrográfica do PPA (parte da receita das cobranças de captação); Captura de valor = imposto sobre o aumento de preço de terras atendidas por infraestrutura de água bruta; PSE = pagamento por serviços ecossistêmicos (aplica-se à infraestrutura verde).

O financiamento da O&M da infraestrutura de água bruta por meio de cobranças aplicadas aos grandes usuários de água, conforme exigido pelo princípio do usuário-pagador, levanta a questão da precificação da água para os usuários finais que absorverão essas cobranças. As tarifas por si só deveriam ser suficientes para recuperar os custos de operação e manutenção da infraestrutura de oferta de água. Contar com o orçamento público para complementar as receitas tarifárias facilitaria a obtenção de ajuda reembolsável (empréstimos, títulos, ações). No entanto, essa abordagem de "recuperação sustentável de custos" deve ser vista como um passo intermediário em direção ao objetivo final de "recuperação total de custos" (Cox and Börkey, 2015[27]).

O *Termo de Compromisso* de 2006 entre o Governo Federal e os estados estabeleceu que os custos operacionais e de manutenção do PISF seriam cobertos pelos estados. Embora os estados tenham concordado em estabelecer tarifas, o termo não especifica que apenas os proprietários pagariam. Dois estados da região do PISF (Ceará e Paraíba) já cobram pelo uso de recursos hídricos e isso afeta todos os setores, incluindo a irrigação. No entanto, as receitas são insuficientes para cobrir os custos de O&M do PISF. Além do caso do PISF, irrigantes em distritos de irrigação coletiva e pública podem pagar tarifas para cobrir os custos de O&M da irrigação. Nesses casos, as tarifas pelo uso de recurso hídrico são uma obrigação estabelecida pelo operador estadual, mas não cobririam os custos adicionais relacionados ao PISF.

Com o estabelecimento de um teto para a tarifa de baixo consumo, o aumento das tarifas em bloco (*increasing block tariffs* - IBT) transmite uma mensagem mais forte quanto à conservação, em comparação com as tarifas volumétricas simples, mas acarreta custos administrativos mais altos. As cobranças ao usuário (pelo serviço de adução de água bruta) necessárias para cobrir os custos totais de operação e manutenção de água bruta (reservatórios e PISF) aumentarão o valor da conta de água para os usuários finais. As questões de acessibilidade precisam ser abordadas. A precificação social da água no varejo pode ser considerada por meio da diferenciação da tarifa volumétrica ou do tamanho do primeiro bloco (bloco barato), ou ambos, com uma tarifa mais baixa ou bloco de maior tamanho para famílias de rendas mais baixas (por exemplo, as que recebem benefícios sociais). A mensagem quanto à conservação de água seria, no entanto, mais bem resguardada com o estabelecimento da mesma tarifa volumétrica/tamanho do bloco para todos, mas acrescentando uma taxa adicional na conta de água dos ricos e redistribuindo a renda aos mais pobres para ajudá-los a pagar a conta de água (subsídio cruzado entre ricos e pobres). O mesmo raciocínio se aplica aos irrigantes.

O baixo nível de vida (PIB per capita) na Bacia Hidrográfica do rio Pianco-Piranhas-Açu não deve ser um obstáculo para a recuperação dos custos de operação e manutenção da infraestrutura de água bruta por meio de cobrança pelo uso de recursos naturais (e, em última análise, contas de água), considerando os benefícios de uma infraestrutura hídrica bem conservada para o bem-estar da população da bacia. Por exemplo, a área irrigada ou os ganhos de produtividade podem resultar em melhoria à saúde. O risco de falta de energia que o Brasil conheceu nos últimos anos devido a níveis insuficientes de água em barragens hidrelétricas deve sensibilizar as partes interessadas na bacia do PPA para a necessidade de garantir O&M adequada para a infraestrutura de água bruta na bacia.

Implementando o princípio de que a "a água paga a água"

O princípio de "a água paga a água" consiste em atribuir os valores da cobrança pelo uso de recursos hídricos (*water abstraction charges*) auferidos na bacia do PPA à gestão da bacia do PPA. A OCDE (2017[28]) avaliou o sistema de cobranças pelo uso de água no Brasil e sugeriu possíveis aperfeiçoamentos (Quadro 2.11). A OCDE (2017[28]), também forneceu uma lista de verificação (*checklist*) para ajudar o Brasil a implementar a cobrança pelo recursos hídricos (*water charges*) (Quadro 2.12).

Quadro 2.11. Avaliação e recomendações da OCDE (2017) sobre as cobranças pelo uso de recursos hídricos no Brasil

Situação das cobranças pelo uso de recursos hídricos no Brasil

Desde 2015, cinco bacias hidrográficas interestaduais (águas federais) e de seis estados (águas estaduais) aplicam cobranças (*user charges*), incluindo o estado da Paraíba. A bacia hidrográfica do PPA e o estado do Rio Grande do Norte estão apenas começando a discutir a viabilidade de implementar essas cobranças.

Contudo, a experiência com cobranças pelo uso de recurso hídrico tem muitas limitações:

Primeiro, as cobranças são muito baixas e não são projetadas para influenciar o comportamento dos usuários.

Segundo, as cobranças existentes não levam em consideração o risco de escassez ou de secas no âmbito local - sua estrutura e seu nível são similares em todo o país - nem refletem os custos de oportunidade do uso de recursos hídricos na bacia onde são aplicadas.

Em terceiro lugar, o valor da cobrança é projetado principalmente com base em critérios de acessibilidade e competitividade, o que deveria ser mais bem avaliado de modo a não prejudicar o incentivo ao enfrentamento do risco de escassez ou de secas.

Em quarto lugar, a definição do valor da cobrança pelos comitês das bacias hidrográficas cria tensões entre o governo e os usuários e dificulta qualquer aumento desse valor. A tomada de decisões baseada nos riscos individuais dos usuários ajudaria a gerir os conflitos de escolhas (*trade-offs*) entre as partes interessadas na bacia e faria melhor uso das receitas geradas pelas cobranças (baseado em análise de risco-benefício dos projetos propostos para a bacia).

Caminhos futuros

As cobranças deveriam ser concebidas para reduzir os riscos hídricos na bacia onde são aplicadas e proporcionar benefícios visíveis para aumentar a aceitação dos usuários de arcar com elas. Pragmaticamente, a prioridade poderia ser a de visar aos que fazem as maiores aduções de água a fim de maximizar os benefícios em termos de gestão do risco de escassez e de aumento da receita, bem como minimizar os custos operacionais da implementação das cobranças. Da mesma forma, a estrutura e o valor das cobranças poderiam ser projetados, a grosso modo, como um primeiro passo para iniciar o processo e enviar sinais de incentivo aos grandes usuários de água.

Para serem mais rentáveis, as cobranças deveriam ser combinadas com outros instrumentos, tais como regimes de alocação de água, vazões fluviais ecológicas mínimas (regulação direta) e a promoção das melhores tecnologias disponíveis (medidas de informação). As cobranças e as suas receitas deveriam ser partes integrantes dos planos de recursos hídricos que estabelecem as prioridades e os níveis almejados para a gestão de risco de escassez e deveriam guiar as estratégias de financiamento de projetos. Os projetos deveriam ser proporcionais à capacidade de arrecadação e proporcionar benefícios visíveis aos usuários de água na bacia. O princípio de "água paga a água" deve ser introduzido de modo que os comitês de bacia possam eficazmente utilizar o recurso arrecadado por meio das cobranças.

O efeito das cobranças na acessibilidade das contas de água (sobre as quais elas recaem) e a competitividade dos usuários de água precisam ser documentados. Questões relacionadas à acessibilidade e à competitividade deveriam ser tratadas com medidas complementares específicas, ao invés de isenção ou redução de cobranças. A realocação de parte da receita proveniente das cobranças para ressarcir os usuários melhoraria sua aceitação.

O Conselho Nacional de Recursos Hídricos (CNRH), criado em 1997 no âmbito federal, e os Conselhos Estaduais de Recursos Hídricos (CERHs) deveriam fornecer orientações/critérios claros sobre o estabelecimento de valores de cobranças e sobre a utilização das receitas delas advindas. Isso deveria incluir limites de valores (*rate bounds*), requisitos de monitoramento e aplicação, avaliação de efeitos colaterais, tais como recorrer a fontes de água não tarifadas, avaliação prévia de custos e benefícios, além de publicidade da contabilidade. Esses critérios deveriam ter como objetivo estabelecer preços de acordo com os riscos locais de escassez.

Os estados onde se localizam as bacias deveriam seguir as recomendações do comitê de bacia hidrográfica e coordenar o estabelecimento de cobranças pelo uso de recursos hídricos. Para isso e para uma melhor gestão integrada dos recursos hídricos da bacia em geral, uma única agência de águas deveria ser criada nas bacias interestaduais.

Fonte: OECD (2017[28]), Water Charges in Brazil: The Ways Forward, https://doi.org/10.1787/9789264285712-en.

Quadro 2.12. Cobrando pela captação e pela descarga: Uma lista de verificação

Como o esquema de cobranças se ligará aos sistemas de outorga?

- Como o esquema de cobrança se ajustará a outros mecanismos para gerir os recursos hídricos, especialmente o uso de outorgas para estabelecer os limites e as condições de captação e descarga? Como os sistemas de outorga e monitoramento de conformidade assegurarão que as cobranças sejam calculadas de forma justa e precisa?
- O ideal seria identificar os locais de todas as captações e as descargas (ou quase todos, se uma abordagem baseada em riscos for adotada) e controlá-los mediante outorgas respaldadas em monitoramento e aplicação rotineira de conformidade, quando necessário. Assim, as outorgas formariam a base para o esquema de cobrança e para a cobrança específica relacionada a cada usuário. Todas as captações teriam um meio de mensuração projetado para assegurar o cumprimento dos limites volumétricos. Outras condições de licenciamento, tais como restrições à adução em vazões baixas, também teriam uma forma de garantir a conformidade. A descarga também deveria ter limite volumétrico e meios de medição, assim como limites de emissão para proteger o meio ambiente e a saúde humana em parâmetros de descarga. Deveria haver uma base pré-estabelecida para monitorar a qualidade da descarga, a uma frequência que indicasse que os resultados fossem estatisticamente significativos, auditáveis e apropriados ao tipo de processo envolvido.

Criando o esquema de cobrança

- Como se estruturam as cobranças para que se alinhem aos objetivos das políticas? Tanto para as captações quanto para a descarga, deve-se utilizar o volume autorizado na outorga ou os volumes reais captados ou descartados? Estes últimos requerem maior esforço fiscalizatório: o usuário da água ou o seu fiscalizador precisará registrar e informar os volumes; deverá haver um meio de medição com precisão certificada (como, por exemplo, um medidor calibrado) porque, caso contrário, poderá haver cobrança a mais ou a menos. O sistema de cobrança também deve ser capaz de calcular diferentes tarifas de acordo com o volume medido e com a frequência de cobrança escolhida.
- Deseja-se estabelecer uma cobrança administrativa adicional para cobrir os custos de gestão e avaliação técnica referente a pedidos de novas outorgas ou revisões das existentes?
- Deseja-se que as cobranças pelo uso dos recursos hídricos indiquem o grau de estresse hídrico e incentivem a redução do consumo? E o que significa "estresse hídrico" ou "escassez hídrica"? Se for um estresse resultante de captações excessivas, dependerá apenas das cobranças para alcançar-se um equilíbrio sustentável com o recurso disponível ou também se adotarão outras medidas para reduzir a adução (como, por exemplo, comprando direitos de uso da água (*entitlements*) ou compulsoriamente reduzindo os volumes autorizados)? Se a escassez for mais dinâmica, como por exemplo, devido à baixa pluviosidade e ao risco de secas, o que desencadeará a resposta de cobrança? E como garantir que os usuários estejam cientes do que está acontecendo de forma dinâmica e, sempre que possível, tenham acesso a recomendações sobre como reduzir seu consumo?
- Quanto à descarga, que mensagens se pode transmitir aos poluidores e qual seria o custo do ato de poluir? Há o desejo de incentivar a redução da carga poluidora de substâncias tóxicas? As outorgas especificam os limites de, por exemplo, pesticidas, hidrocarbonetos, metais, cianetos etc.? E como se pretende incluir isso no esquema de cobranças por meio de uma escala móvel que vai do resfriamento da água até a descarga de água advinda de processos químicos e de mineradoras? Se a meta for dispor de água de melhor qualidade para proteger a saúde humana e apoiar ecossistemas-alvo, pode-se usar a cobrança para alcançar isso mais

rapidamente que por meio de limites progressivamente mais rigorosos nas outorgas baseadas em padrões de qualidade ambiental?

- Deseja-se enviar sinais claros sobre o valor dos efluentes como um recurso? Em outras palavras, onde, quando e em que volumes a descarga de efluentes é importante para outros usuários de água (dada que a qualidade esteja dentro dos limites permitidos) e, embora estas questões possam ser especificadas nas outorgas, há intenção de recompensar a descarga que beneficia os recursos? Do mesmo modo, deseja-se penalizar as captações por meio de cobranças mais altas onde o retorno líquido é baixo porque a água evaporou, foi incorporada a um produto, perdeu-se devido a vazamentos ou foi absorvida pela produção agrícola?
- Como se garantirá que os esquemas de cobrança sejam flexíveis e adaptáveis às mudanças na demanda hídrica, ao estresse ambiental, às mudanças climáticas e às secas? E que mecanismo de *feedback* poderá ser criado para permitir revisões periódicas de sua eficácia?

Fonte: OECD (2017[28]), *Water Charges in Brazil: The Ways Forward*, https://doi.org/10.1787/9789264285712-en.

A Lei das Águas de 1997 introduziu a cobrança pelo uso de recurso hídrico e estipulou a alocação da receita das cobranças para projetos de gestão hídrica na bacia onde foi coletada. Entretanto, questões de viabilidade (aceitação pública/política) retardaram a introdução dessas cobranças no Brasil. Apenas alguns estados as aplicam, como o Ceará e a Paraíba.

Desde 2015, três bacias hidrográficas no estado da Paraíba introduziram cobranças pelo uso de recursos hídricos. Contudo, sua implementação é lenta, com uma taxa de recuperação inferior a 10% em 2017 (OECD, 2017[28]). A AESA arrecadou US$ 890.000 em cobranças em 2020. Esta quantia foi totalmente destinada a projetos de reuso de águas residuais na agricultura nas três bacias e para O&M dos reservatórios estaduais. No estado do Rio Grande do Norte, a introdução de tais cobranças tornou-se algo politicamente difícil em razão da seca (OECD, 2017[28]).

Discussões estão em andamento para introduzir cobranças pelo uso dos recursos hídricos na bacia hidrográfica do PPA e alocar parte das receitas para financiar O&M do PISF. Isso poderia ser justificado se os benefícios públicos do PISF fossem demonstrados. Enquanto isso, a ausência de cobranças na bacia hidrográfica do PPA compromete seriamente o financiamento do plano da bacia hidrográfica (presumindo a implementação do princípio de que a água paga a água). De fato, a sustentabilidade financeira do CBH é essencial na busca de sinergias entre a alocação da água e a gestão integrada de recursos hídricos (GIRH) (Figura 2.8).

Figura 2.8. Cobranças pelo uso dos recursos hídricos, alocação de água e GIRH: a interface multifacetada

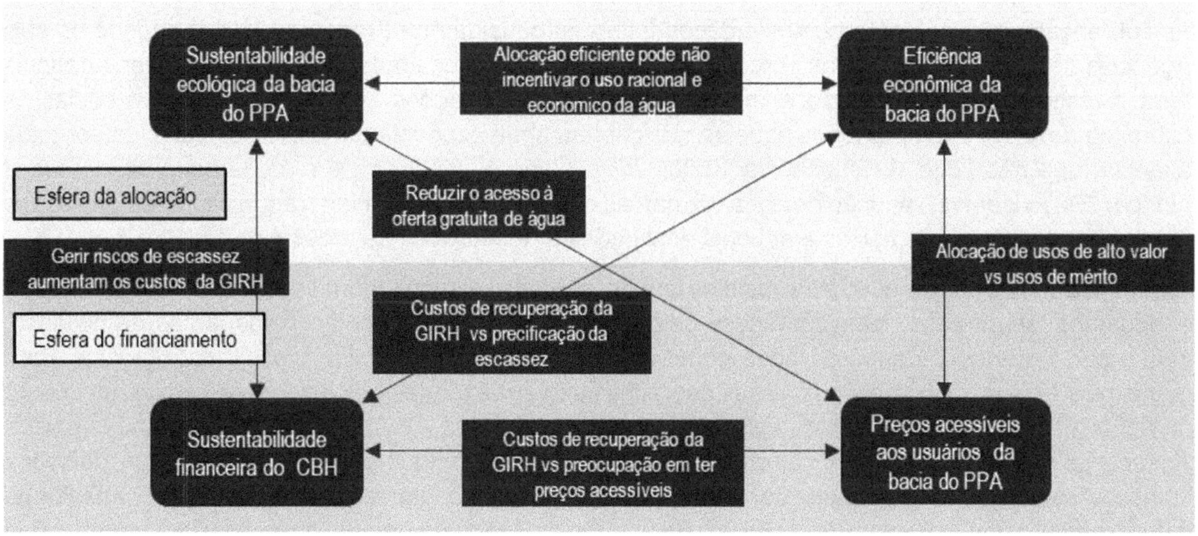

Obs.: Ao contrário dos bens públicos propriamente ditos, os "bens de mérito" são proporcionados por meio do mercado, mas não necessariamente em quantidades suficientes para maximizar o bem-estar social.
Fonte: Adaptado de Massarutto, A. (2007[29]), "Abstraction charges: How can the theory guide us?", https://www.oecd.org/env/resources/40014641.pdf.

A cobrança pelo uso dos recursos hídricos visa a proteger os corpos hídricos do risco de escassez. Na França, a Agência de Águas de Adour-Garonne, por exemplo, estipula valores diferentes de cobrança, dependendo da natureza e da fragilidade do recurso hídrico extraído. Da mesma forma, a alocação das receitas das cobranças ao CBH (aplicando o princípio "a água paga a água") deve, em primeiro lugar, visar a evitar os riscos de escassez de água através da GIRH.

O valor de cobrança não deveria variar de acordo com a categoria do usuário, como é frequentemente o caso nos países da OCDE, onde os agricultores e, às vezes, a indústria se beneficiam de tarifas preferenciais. No caso das cobranças pelo uso da água, uma demonstração da conservação da água seria mais percebida estabelecendo-se o mesmo piso tarifário para todos os captadores, mas acrescentando-se uma taxa adicional sobre os captadores ricos e redistribuindo a renda para os mais desfavorecidos para ajudá-los a pagar o piso tarifário (subsídio cruzado entre os captadores). Uma outra forma de conceder subsídios cruzados entre os captadores ricos e os mais carentes, sem comprometer os incentivos à economia de água, seria alocar mais receitas das cobranças aos desfavorecidos, com valores superiores ao que eles pagam. É o que a Agência de Águas Adour Garonne faz para o setor agrícola ("o princípio da solidariedade").

Ao invés de uma simples cobrança volumétrica, conforme implantada pela Agência de Águas Adour-Garonne, poderiam ser consideradas cobranças pelo uso de recursos hídricos com uma estrutura de blocos aumentada, com um primeiro bloco de tamanho reduzido para os corpos d'água com alto risco de escassez. Qualquer subsídio de eletricidade para os captadores deve ser eliminado antes da introdução de cobrança. O Quadro 2.13 apresenta visão geral do funcionamento das cobranças pelo uso de recursos hídricos na França.

Quadro 2.13. Cobranças pelo uso dos recursos hídricos na França

As cobranças pelo uso dos recursos hídricos foram introduzidas na França em 1964, quando as seis Agências de Águas foram criadas. A receita das cobranças é arrecadada e redistribuída pelas Agências para investimentos em proteção e melhoria dos recursos hídricos em suas respectivas bacias. A cobrança deve ser paga por todos aqueles que captam água acima de um limite estabelecido por cada agência (que não pode ser superior a 10.000 m^3 por ano ou 7.000 m^3 em áreas onde há escassez hídrica). Estão isentas a adução de água do mar, as captações relacionadas à aquicultura, as captações fora do período de níveis baixos e aquelas destinadas à restauração de áreas naturais.

As Agências de Águas concedem subsídios aos usuários de recursos hídricos (agricultores, municípios e indústrias) financiados pelas cobranças pelo uso dos recursos hídricos e pelas tarifas de poluição, pagas por todos os usuários de água com valores diferenciados em cada bacia hidrográfica. Para municípios e usuários domésticos, essas cobranças são arrecadadas pelos serviços de abastecimento de água e esgotamento sanitário (*water and sanitation services* - WSS) e depois transferidas para a Agência de Águas. Essas cobranças correspondem, até certo ponto, aos custos dos recursos, definidos como os custos de oportunidade da utilização da água, como um recurso escasso, de uma forma determinada (como, por exemplo, por meio de adução ou descarga de águas residuais), no tempo e no espaço. Os custos dos recursos equivalem à diferença entre o valor econômico em termos de benefícios líquidos do uso presente ou futuro da água (como, por exemplo, a alocação de licenças de emissão ou de adução de água) e o valor econômico em termos dos benefícios líquidos do melhor uso alternativo da água (presente ou futuro). Os custos dos recursos só surgem se o uso alternativo da água gerar valor econômico maior que o uso presente ou futuro previsto (ou seja, a diferença entre os benefícios líquidos é negativa). Os custos dos recursos, portanto, não estão necessariamente limitados apenas ao esgotamento dos recursos hídricos (em termos de quantidade ou qualidade da água). Eles surgem por causa de uma alocação ineficiente (em termos econômicos) da água e/ou da poluição, ao longo do tempo e entre diferentes usuários dos recursos hídricos. Normalmente, os custos ambientais e de recursos são parcialmente recuperados por meio de impostos e cobranças ambientais (cobranças pelo uso de recurso hídrico e poluição).

As tarifas são mais altas para a água potável. Além disso, as tarifas são diferenciadas de acordo com a fonte (água subterrânea ou superficial), zona, a relativa escassez hídrica e a pressão que a extração exerce sobre os recursos hídricos disponíveis. Como resultado, a taxa por m^3 de água extraída pode variar consideravelmente. Por exemplo, as tarifas aplicadas pela Agência de Águas Adour-Garonne entre 2019-24 variam de 0,03 centavos de euro/m^3 para o enchimento de canais, em uma área sem déficit hídrico, até 5,8 centavos de euro/m3 para a adução de água potável, em áreas deficitárias (Tabela 2.3).

A cobrança pelo uso dos recursos hídricos reflete o princípio "a água paga a água" e é geralmente aceita como pagamento justo pelo uso de um recurso escasso. Entretanto, as tarifas são muito baixas para terem impacto significativo no consumo de água, tornando o instrumento mais uma ferramenta de aumento de receita que em um incentivo econômico.

Tabela 2.3. Tarifas pelo uso de recurso hídrico na bacia Adour-Garonne

Tipo de uso	Áreas com escassez hídrica			Outras áreas		
	Tarifas aplicadas em 2019-24		Limite máx. estabelecido por lei	Tarifas aplicadas em 2019-24		Limite máx. estabelecido por lei
	Águas superficiais	Águas subterrâneas		Águas superficiais	Águas subterrâneas	
	Centavos de euro/m^3			Centavos de euro/m^3		

Irrigação por gravidade	1.0	1.0	1.0	0.5	0.5	0.5
Outros tipos de irrigação	1.22	0.73	7.2	0.92	0.55	3.6
Água potável	5.8	3.5	14.4	4.4	2.6	7.2
Refrigeração industrial	0.182	0.109	1.0	0.137	0.082	0.5
Enchimento de canais	0.06	0.06	0.06	0.03	0.03	0.03
Outros usos econômicos	1.57	0.94	10.8	1.18	0.71	5.4

Fonte: Nota sobre as deliberações do Conselho Diretor da Agência de Águas Adour-Garonne em 19 de setembro de 2018.

Outra questão é a distribuição do ônus entre os usuários por residirem a montante/a jusante ou em meio urbano/rural, com base no "princípio da solidariedade", com as residências pagando muito mais que a produção agrícola e a indústria. A diferenciação da tarifa correspondente contradiz o princípio do poluidor-pagador. Na Agência de Águas Adour-Garonne, por exemplo, 65% da receita das cobranças pelo uso dos recursos hídricos é paga pelas empresas de água potável (e repassada à conta de água), que representa valor muito superior a sua participação de 11% no uso dos recursos hídricos (Tabela 2.4).

Tabela 2.4. Volume aduzido e cobrança na bacia Adour-Garonne

Setor usuário da água	Adução de água		Receita das cobranças	
	Milhões de m³/ano	%	Milhões de euros/ano	%
Residências	720	11	40	65
Agricultura	900	14	8	13
Refrigeração industrial	4 700	71	1	2
Energia hidrelétrica	-	-	7	11
Outros usos econômicos	320	5	6	10
Total	6 640	100	62	100

Obs.: = uso não-consuntivo.
Fonte: Agência da Água de Adour-Garonne(2021[30]), *Site*, https://www.eau-grandsudouest.fr/(acessado dezembro 2021).

Na bacia do PPA, existem graves problemas relativos à qualidade da água. Em algumas unidades de planejamento dentro da bacia, cerca de 85% do esgoto não é tratado. Os municípios são responsáveis pelo saneamento, mas têm recursos financeiros limitados para instalarem tratamento adequado. Esta questão é comum em muitos países em todo o mundo e a combinação de serviços pode ser um caminho a ser seguido. Na Espanha, o saneamento é geralmente feito no âmbito intermunicipal, permitindo, assim, um mecanismo de solidariedade financeira entre grandes e pequenos municípios. Pequenos vilarejos que não têm condições de arcar com os custos do tratamento da água participam do planejamento e da gestão de recursos hídricos no âmbito intermunicipal. Alguns municípios trabalham com operadores privados por meio de parcerias público-privadas para a concessão ou contrato de arrendamento (como, por exemplo, em Valência). Na França, as cobranças pela poluição da água são diferenciadas de acordo com os usuários, tais como residências, agricultura e indústria - embora elas possam ser as mesmas entre os usuários. As cobranças pela poluição de origem doméstica são baseadas no consumo de água da residência. A Tabela 2.5 compila a cobrança por poluição para usuários domésticos da bacia do rio Adour-Garonne e a Tabela 2.6, as cobranças para usuários não-domésticos. Essas cobranças contrastam com aquelas referentes à pecuária e à poluição de origem não-doméstica, como a agricultura e as indústrias, que se baseiam, respectivamente, no número de animais (acima de determinável nível) e na descarga de poluentes.

Tabela 2.5. Cobrança por poluição para usuários domésticos na bacia do rio Adour-Garonne, França

Ano	2013	2014	2015	2016	2017	2018	Limite máximo estabelecido por lei
Cobrança por poluição (euro/m³)	0.3	0.305	0.31	0.315	0.32	0.33	0.5

Tabela 2.6. Cobrança por poluição para usuários não domésticos da bacia do rio Adour-Garonne, França

Principais poluentes	Cobranças por poluição (em euros por unidade)						Limite máximo estabelecido por lei
	2013	2014	2015	2016	2017	2018	
Total de sólidos dissolvidos (por kg)	0.119	0.122	0.124	0.127	0.129	0.132	0.3
Demanda química de oxigênio (DQO por kg)	0.074	0.076	0.077	0.079	0.081	0.082	0.2
Demanda bioquímica de oxigênio em 5 dias (por kg)	0.149	0.152	0.155	0.158	0.161	0.164	0.4
Nitrogênio (por kg)	0.3	0.305	0.31	0.315	0.32	0.33	0.7
Nitratos, nitritos (por kg)	0	0	0	0	0	0	0.3
Fósforo (por kg)	0.4	0.41	0.42	0.43	0.44	0.44	0.2
Metóxi (por kg)	0.7	0.71	0.73	0.74	0.76	0.77	3.6
Metóxi para águas subterrâneas (por kg)	6	6	6	6	6	6	6
Alta toxicidade (por kiloequitox)	6.7	6.8	7	7.1	7.2	7.4	18
Alta toxicidade nas águas subterrâneas (por kiloequitox)	30	30	30	30	30	30	30
Substâncias perigosas para o meio ambiente nas águas superficiais (por kg)				3	4	5	10
Substâncias perigosas para o meio ambiente nas águas subterrâneas (por kg)				3	4	5	16.6
Sais dissolvidos (m3 [siemens/centímetro])	0	0	0	0	0	0	0.15
Água aquecida no mar, exceto no inverno (por megathermie)	1.26	1.29	1.31	1.34	1.37	1.4	8.5
Água aquecida nos rios, exceto no inverno (por megathermie)	1.26	1.29	1.31	1.34	1.37	1.4	8.5

Fonte: OECD (2017[28]), *Water Charges in Brazil: The Ways Forward*, https://doi.org/10.1787/9789264285712-en.

Promovendo o uso eficiente da água

Sistemas de outorgas negociáveis podem gerir o risco de escassez hídrica de forma rentável. A comercialização da água refere-se ao processo de compra e venda de direitos de uso da água. Os termos da comercialização podem ser permanentes ou temporários, dependendo do status legal dos direitos sobre os recursos hídricos. Alguns economistas argumentam que a comercialização da água pode promover alocação de água mais eficiente porque preços baseados no mercado atuam como incentivo para os usuários alocarem recursos de atividades de baixo valor em atividades de alto valor. Debate-se até que ponto os mercados de água, na prática, operam eficientemente e quais são os resultados sociais e ambientais desses programas de comercialização de água e a ética da aplicação de princípios econômicos a um recurso como a água. Os mercados de comercialização de água foram estabelecidos em alguns países do mundo, incluindo a Austrália, o Chile e os Estados Unidos. No Arizona e na Califórnia, esses mercados são utilizados para realocar outorga de direitos de uso de recursos hídricos (*water rights*) entre os agricultores e os municípios, especialmente durante as secas. Esses mercados geram receitas para os agricultores porque é mais barato para os municípios pagar os agricultores para não usarem a água que construir novas instalações hídricas.

No Brasil, os direitos de uso da água podem ser concedidos tanto a entidades públicas quanto privadas. A outorga de direito de uso de recursos hídricos não transfere a propriedade dos recursos hídricos, mas permite o seu uso por um período de tempo estabelecido, sob condições específicas (OECD, 2017[28]). Um projeto de lei para introduzir mercados de água foi apresentado ao Congresso em 2017, mas o texto ainda não foi analisado.

O estabelecimento de um mercado de água requer a fixação de um limite à adução que seja aceitável para todas as partes interessadas, *incluindo* o meio ambiente e as comunidades locais. A abordagem mais econômica para realizar isso consiste em construir uma "matriz de risco" que ajude a gerenciar conflito de escolhas (*trade-offs*) entre os usos da água, ao mesmo tempo em que proteja a integridade dos recursos hídricos. É também a melhor maneira de se evitar conflitos sobre o uso e de desenvolver uma "cultura da água". O primeiro passo é identificar e definir (cientificamente) o conjunto de recursos hídricos. Em segundo lugar, os riscos aos valores ambientais, culturais e sociais dependentes da água ("valores *in situ*"), assim como os custos de oportunidade de não extrair a água para o desenvolvimento econômico ("risco de desenvolvimento"). Em terceiro lugar, o nível aceitável de adução de água deverá ser estabelecido pela ponderação dos riscos *in situ* versus os riscos de desenvolvimento (matriz de risco). A sofisticação desta abordagem depende do nível de exposição aos riscos (valor dos investimentos previstos, número de populações dependentes dos recursos hídricos, presença de áreas naturais protegidas etc.).

O ideal seria que a área geográfica de um mercado de água estivesse no âmbito da bacia do PPA, por ser a bacia a unidade hidrológica mais natural. Entretanto, é comum organizar os mercados de água no âmbito da sub-bacia (de captação), como na Austrália, ou mesmo no âmbito do distrito de irrigação, como no Chile, por razões práticas (presença de medidores) ou de viabilidade administrativa. Quanto maior o número de participantes do mercado, mais econômico o mercado será na alocação da água. Idealmente, toda a água da bacia deveria estar envolvida no mercado para preservar a lógica hidrológica.

O período de validade de outorgas de direitos de uso de recursos hídricos deveria ser diferenciado de acordo com o risco de escassez, conforme mapeado na bacia do PPA, com alocações anuais para áreas em risco e direitos de uso (*entitlements*) de longo prazo para áreas bem abastecidas de água. Estas obteriam cotações mais altas nos mercados, pois oferecem maior segurança de abastecimento.

Parte dos lucros dos leilões dessas outorgas cobriria os custos operacionais do mercado (com corretores, etc.), mas a maior parte seria destinada ao financiamento da GIRH. O financiamento público da política de desenvolvimento agrícola poderia compensar o impacto, nas comunidades locais, das transferências permanentes das outorgas de direito de uso de recurso hídrico para outra região. Ora, se as transferências permanentes não-reguladas forem permitidas, existe o risco de concentrar a água nas mãos de alguns consumidores ricos, que poderiam comprar toda a água de numerosos pequenos usuários. Isso pode ter consequências na dinâmica social local e regional, nas taxas de desemprego e nas migrações demográficas. Portanto, recomenda-se uma estrutura adequada para gerir custos e benefícios do mercado de água, conforme proposto por Wheeler et al. e Grafton (2017[31]; 2019[32]). De acordo com essa estrutura, os arranjos institucionais e de governança existentes, bem como custos e benefícios do comércio, devem ser avaliados antes da implementação do mercado da água. Assim, mudanças institucionais e de políticas devem ser implementadas, incluindo as outorgas de direitos de uso da água e as capacidades de monitoramento e fiscalização. Por fim, as externalidades devem ser continuamente monitoradas e as mudanças no mercado de água devem ser implementadas conforme necessário.

Providências devem ser tomadas para evitar a acumulação (*hoarding*) - por meio de política de "use ou perca" - e a captura regulatória pelo operador do mercado. Monitoramento via satélite e modelagens da vazão fluvial poderiam ajudar a controlar e fazer valer as outorgas de uso de águas superficiais. Os Quadro 2.14 e Quadro 2.15 apresentam uma visão geral do funcionamento dos mercados de água no oeste dos Estados Unidos e na Bacia de Murray-Darling, na Austrália.

Quadro 2.14. Mercados de água no oeste dos Estados Unidos

Direito de propriedade da água

Desde 1850, a Califórnia tem aplicado a doutrina das apropriações ribeirinhas (*riparian rights*). Essa doutrina confere a um proprietário de terras o direito a usar a água em terras adjacentes a um curso d´água (terras ribeirinhas). O proprietário de terras está autorizado a fazer "uso razoável" da água se isso não afetar os direitos de outros proprietários ribeirinhos. Entretanto, não há quantidade específica ligada à outorga ribeirinha, a qual está sujeita a uma partilha imprecisa *de facto*, em caso de escassez.

Este arranjo pode funcionar em uma região com abundância de água superficial, mas não em região árida, razão pela qual a Califórnia introduziu os direitos de apropriação da água (*appropriative water rights*) em 1855 (mas manteve os direitos ribeirinhos). O Colorado introduziu a apropriação prévia em 1876 e revogou a doutrina das apropriações ribeirinhas em 1882. Os direitos de apropriação diferem fundamentalmente dos direitos ribeirinhos. Eles são baseados no tempo e na quantidade de desvio inicial (primeiro a usar, primeiro a ter o direito). No caso de escassez hídrica, a prioridade é determinada por critério de antiguidade.

A transferência de um direito de apropriação, no entanto, não é uma transação simples entre duas partes. Todos os estados do oeste dos Estados Unidos têm um legado de registros precários devido à forma descuidada com que muitos direitos de apropriação foram criados, no século XIX. Isso é um impedimento à transferência dos direitos de uso da água para outra parte. Outra regra é a de "não-dano" (*no-injury rule*). Essa regra determina que mudanças no direito de uso da água não devem afetar negativamente o direito de uso da água de qualquer outra parte, seja ele anterior ou posterior. Se houver dano, o ônus da prova de que não houve dano a terceiros cabe a quem transfere e não a quem contesta. No Colorado, por exemplo, qualquer impacto de uma transferência, não importa quão pequena ou quão distante no futuro, constitui um dano.

Além desses dois impedimentos à transferência dos direitos de apropriação de água, a maioria dos estados do oeste americano determina, em suas constituições, que as suas águas pertencem à população do estado. Isso dá ao estado o direito de decidir sobre como a água deve ser usada e transferida em benefício público. O claro interesse público no uso da água também significa que todo uso deve ser "razoável". Isto torna todos os direitos à água frágeis. Um direito de uso da água que seria aceitável quando foi reconhecido pela primeira vez pode tornar-se desarrazoado à medida que as condições hidrológicas mudem. Em 1983, por exemplo, a Suprema Corte da Califórnia decidiu que um direito de apropriação de 1940 poderia ser modificado *a posteriori* em razão de danos agora causados ao Lago Mono.

Quando surgem os mercados de água?

A conectividade física entre o vendedor e o comprador é crucial para a permuta de água (*water exchanges*). Por exemplo, no Vale San Joaquin, no sul da Califórnia, a construção de um canal, em 1975, ligando os aquedutos do Projeto Federal do Central Valley (CVP, sigla em inglês), no leste, e do Projeto Estadual de Água (SWP, sigla em inglês), no oeste, gerou uma enxurrada de permutas de água. Outro exemplo é o túnel que atravessa uma montanha e transporta água do oeste do Rio Colorado para o leste do estado do Colorado. Devido ao tratamento jurídico diferenciado, a regra de não causar danos não se aplica às águas transpostas, pois não estão mais sujeitas à regra de apropriação prévia quando transpostas para o leste (mais precisamente o projeto Colorado-Big Thompson, C-BT). Os contratos do C-BT tornam todas as águas iguais e transferíveis. Embora incompletos, os dados parecem demonstrar que a maioria da água superficial transposta no oeste dos EUA foi de "água outorgada", dentro dos limites do sistema de abastecimento estadual, como, por exemplo, no sistema C-BT, no Colorado, e nos sistemas SWP/CVP, na Califórnia.

Considera-se que será necessária uma realocação significativa do uso da água no oeste dos EUA. Todavia, no período 1990-2010, a maioria das águas superficiais transferidas teve arrendamento de um ano, proporcionando flexibilidade de curto prazo, mas não realocação de longo prazo (apenas cerca de 5-10% da quantidade transferida anualmente foi transposta por longo prazo ou permanentemente). A modificação do direito à propriedade da água é essencial para que haja uma realocação do uso da água mais significativa, em longo prazo, dadas as complexidades dos direitos existentes.

Fonte: Hanemann, M. and M. Young (2020[33]), "Water rights reform and water marketing: Australia vs the US West", https://doi.org/10.1093/oxrep/grz037.

Quadro 2.15. Mercados de água na Bacia de Murray-Darling, Austrália

A Bacia de Murray-Darling (BMD) cobre 14% da Austrália continental. O volume da demanda de água das cidades e para a produção de energia é mínimo, em comparação com as necessidades hídricas para vazões ambientais e para irrigação. Três quartos das culturas irrigadas e das pastagens da Austrália são cultivadas nessa bacia.

A BMD é caracterizada por extrema variabilidade de fluxos fluviais. Os riscos de escassez hídrica para irrigação resultantes da alocação hídrica excessiva para esse fim levaram as autoridades a suspender a alocação de novos direitos de água na BDM. Além disso, em 1995, foi introduzido um limite de uso da água para que novas aduções fossem limitadas aos níveis de 1993-94. Esse foi o primeiro passo para introduzir a comercialização de água na BMD. Permitir a separação dos direitos de uso de água do direito de uso e de propriedade da terra (*right to use and own land*) foi fundamental para o desenvolvimento de um mercado de água funcional na BDM, processo que levou mais de uma década, entre 1994 e 2006. Essa separação permite que a água seja transposta, de forma independente da terra, entre os usuários, não sendo necessário considerar os requisitos de uso da terra.

O estabelecimento de mercados de água também fornece um mecanismo para enfrentar os riscos de escassez hídrica para o ecossistema por meio da realocação de água entre os irrigantes e o meio ambiente. Em 2002, por meio da Iniciativa Living Murray, foi dado o primeiro passo para a realocação de água destinada ao meio ambiente. A Lei das Águas (2007) foi além e estabeleceu um limite de desvio sustentável (SDL, sigla em inglês) para cada rio e área de gestão de águas subterrâneas na BDM, com implementação prevista para 2019.

O Plano de Bacia (2012) definiu a quantidade de água para o ecossistema que precisava ser recuperada a fim de atender aos SDLs. Em 2008, quase AU$ 9 bilhões de dólares australianos (US$ 7,5 bilhões) foram destinados à recuperação de água para o meio ambiente mediante o aumento da eficiência da irrigação, como melhorias na irrigação das fazendas, na infraestrutura de fornecimento de água e nos medidores (65%) e por meio de recompras de direitos de uso da água (35%). Em 2012, o governo federal comprometeu-se com mais AU$ 1,8 bilhão (US$ 1,25 bilhão) para enfrentar as restrições operacionais que limitavam a distribuição prevista de água para o meio ambiente em toda a BDM. Cerca de 4.000 GL/ano devem ser recuperados até 2025, 55% por meio da recompra de água e 45% por meio de economia e de infraestrutura, em comparação com o consumo médio de água, em longo prazo, na irrigação de 11.000 GL/ano.

Dessa forma, a gestão das vazões ambientais na BMD passou de regulação direta para uma combinação de regulação direta e sistema de outorgas negociáveis (recompra de direitos de uso da água), introduzindo maior flexibilidade. Por outro lado, subsidiar a infraestruturas de irrigação para aumentar vazões ambientais não é rentável; estima-se que o custo médio por litro de água ambiental seja até seis vezes maior que o de compras diretas de outorgas de direito de uso da água.

Dependendo do nível de segurança hídrica, há dois tipos de direitos de uso de água na BDM. A disponibilidade hídrica para os detentores de outorgas de direitos de uso na modalidade de "segurança geral" é declarada como uma proporção de direitos, comumente chamada de "alocação". Essa alocação depende dos recursos armazenados disponíveis atualmente e dos recursos que provavelmente estarão disponíveis durante a estação. Já os detentores de outorgas de direitos de uso na modalidade de "alta segurança" geralmente recebem suas alocações de água a cada ano, embora também estejam sujeitos às alocações declaradas. A existência de dois tipos de outorgas de direitos de uso com diferentes níveis de segurança permite aos usuários expressarem suas preferências quanto ao risco, o que se reflete nos preços das outorgas.

Fonte: Grafton, Q. and J. Horne (2014[34]),"Water markets in the Murray-Darling Basin",http://dx.doi.org/10.22459/GW.05.2014.08.

Combinando instrumentos de políticas públicas

Em contraste com o uso de apenas um instrumento econômico, as combinaçõesde instrumentos podem aumentar a relação custo-efetividade e a aceitação do público quanto à consecução dos objetivos de gestão da bacia do PPA. Em seguida, serão analisadas três combinações de instrumentos: (1) cobrança pelo uso de recursos hídricos e mercados de água; (2) cobrança pelo uso de recursos hídricos e regulação direta; e (3) mercados de água e regulação direta.

Cobranças pelo uso dos recursos hídricos e mercados de água

Quando cobranças pelo uso de recursos hídricos são aplicadas ao mesmo público-alvo na presença de um mercado de água (*cap-and-trade* de outorgas de água), o efeito causado difere de acordo com o valor da cobrança. As cobranças fixadas a uma taxa inferior ao preço inicial de mercado não alteram o nível geral de adução fixado, mas reduzem a demanda por outorgas; o preço de mercado alinhar-se-á gradualmente à taxa de cobrança (se todos adutores forem obrigados por ambos os instrumentos). Se o valor da cobrança for mais elevado que o preço de mercado, o incentivo para redução marginal (economia de água) aumenta, e a redução, então, supera o limite estabelecido pelo mercado de água. A demanda por outorgas de água, e, consequentemente, seus preços, caem para zero, sendo as cobranças pela captação de água o único instrumento ativo.

Apesar dessa aparente incompatibilidade em termos de efetividade, a conjugação de instrumentos poderia melhorar custo-eficiência (*cost-efficiency*) quando as cobranças pelo uso dos recursos hídricos forem utilizados para garantir um preço mínimo de mercado ("piso"), considerando que todos os adutores estejam sujeitos a ambos os instrumentos (ou seja, se os dois instrumentos forem aplicados às mesmas unidades de adução de água). Embora um "piso" possa reduzir a eficiência estática em situações em que o mercado de água apresente preços de outorgas abaixo do valor mínimo, tal efeito, bem como a segurança de preço-relativo que produz, normalmente, aumenta a eficiência dinâmica em comparação com um sistema de outorgas negociáveis "puro" (*tradable permit system* - TPS) . A utilização de um preço mínimo ajudaria na arrecadação sobre rendas inesperadas (*windfall rents*) geradas pela livre alocação de outorgas. As cobranças pela captação de água também poderiam ser utilizadas para assegurar um "teto de preços" (ou "preço de válvula de segurança"), permitindo aos captadores retirar água para a qual não possuem outorga em troca da cobrança de um valor máximo. No entanto, assegurar os custos de conformidade aos participantes do TPS por meio de um teto de preços reduz a certeza com relação aos resultados ambientais e pode diminuir os incentivos dinâmicos.

As cobranças pelo uso de recurso hídrico e os mercados de água podem levar à escassez hídrica temporária em diferentes setores e áreas geográficas (ou seja, um ponto crítico - *hot spot* - de escassez). A aplicação de uma cobrança adicional aos participantes de mercados de água localizados em sub-bacias, onde a retirada de água cria uma maior escassez marginal que em outras sub-bacias, pode resolver esse problema. A Figura 2.9 ilustra esse conceito. O captador B, cuja captação produz danos marginais muito maiores à escassez de água que outros captadores, está sujeito tanto ao mercado de água como à cobrança pelo uso dos recursos hídricos, o que aumenta o incentivo para economizar água. Se o valor da cobrança for igual à diferença entre o preço da outorga e os danos marginais totais da captação à escassez de água, como ilustrado, então a eficiência estática total é mantida e a eficiência, como um todo, aumenta (embora os preços das outorgas diminuam se o limite do mercado de água não for ajustado para compensar).

Embora a combinação de instrumentos de precificação com outros baseados em quantidade possa produzir maior bem-estar social do que quando usados isoladamente, pouquíssimas dessas combinações têm sido utilizadas na prática. A aplicação de uma cobrança pelo uso de recursos hídricos juntamente com um mercado de água aumenta a carga administrativa para os participantes e para as autoridades relevantes. Os custos de transação associados à implementação e à administração de um mercado de água aumentam com o uso de "pisos" e "tetos" de preços. Entretanto, instrumentos híbridos de preço-quantidade melhoram a flexibilidade para lidar com as incertezas. Um piso, em um sistema *cap-and-trade*, fornece incentivo contínuo para economizar água, se os custos marginais dessa economia estiverem sobrevalorizados (assim como a geração mínima de receita), enquanto um teto de preços evita custos excessivos, se os custos marginais de economizar água estiverem subvalorizados (juntamente com a certeza de custo-máximo da conformidade). Da mesma forma, um limite (*cap*) possibilita a garantia de economia de água que a cobrança pela captação de água, por si só, não pode proporcionar (reduzindo, assim, a aversão à cobrança).

Figura 2.9. Combinando cobrança pelo uso de recursos hídrico com um sistema de outorgas negociáveis para lidar com pontos críticos (hot spots) de escassez hídrica

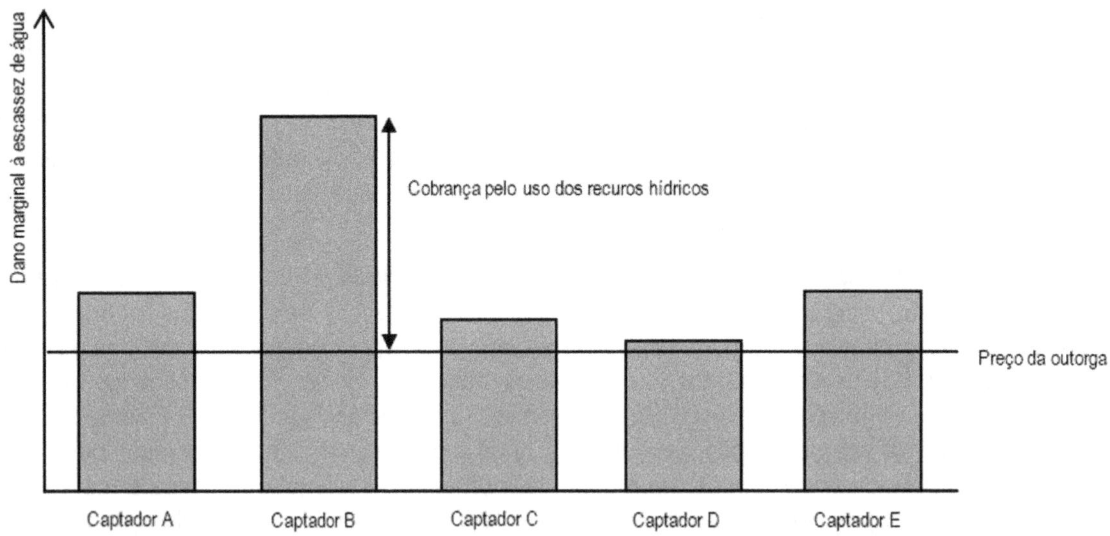

Fonte: Adapted from Drummond, M. et al.(2015[35]), *Methods for the Economic Evaluation of Health Care Programmes, 4th ed.*, Oxford University Press.

Cobranças pelo uso de recursos hídricos e regulação direta

Quando ambos os instrumentos visam os mesmos captadores, a regulação direta ajuda a superar falhas de mercado (por exemplo, problema agente-principal) e falhas de informação que prejudicam a eficácia dos instrumentos de precificação. Por outro lado, as cobranças pelo uso de recursos hídricos podem reduzir o efeito "rebote" que a regulação direta pode provocar[1]. A regulação direta combinada com um instrumento de precificação também pode reduzir a ocorrência de pontos críticos de escassez hídrica; enquanto os instrumentos de precificação influenciam a retirada total de água, a regulação direta pode influenciar a localização da captação e seu momento (*timing*).

Em termos de eficiência de custo, adicionar a regulação direta à cobrança pelo uso de recursos hídricos pareceria supérfluo se o custo marginal da economia de água previsto na regulação fosse mais baixo que o valor da cobrança. Os captadores, certamente, já teriam cumprido tal regulação para conseguir uma economia de água a um custo menor do que o valor da cobrança. A Figura 2.10 ilustra essa situação para um determinado captador cuja economia de água é necessária ou incentivada pela regulação. No mundo real, no entanto, a eficiência estática aumenta se a regulação exigir ou provocar economias de água, com custos marginais inferiores ao valor da cobrança pelo uso de recursos hídricos (por exemplo, níveis de rigor A a C, na Figura 2.10), que não teriam sido alcançadas devido a falhas de mercado. Entretanto, se os níveis de economia de água exigidos pela regulação tiverem um custo marginal maior que o valor da cobrança pela captação, então a cobrança não resultará em nenhuma economia adicional de água (por exemplo, níveis de rigor D e E, na Figura 2.10).

Geralmente, para um determinado nível de economia de água, a combinação de um instrumento de precificação com um instrumento de regulação direta, muitas vezes, levaria a custo-efetividade maior do que usar apenas a regulação direta, pois os instrumentos de precificação equilibram o incentivo marginal da economia de água quando a regulação direta não consegue fazê-lo. Além disso, um aumento previsível (pré-planejado) no rigor das exigências regulatórias e dos valores das cobranças pela captação de água amplia o custo-eficiência dinâmico.

Figura 2.10. Custo-eficiência de uma combinação de cobrança pela captação e regulação direta

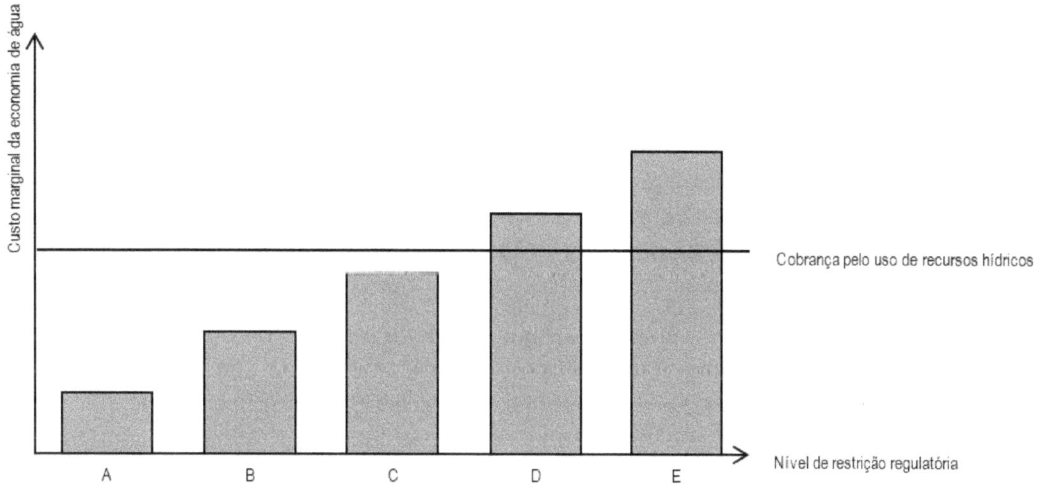

Fonte: Adaptado de Drummond, M. et al.(2015[35]),*Methods for the Economic Evaluation of Health Care Programmes, 4th ed.*, Oxford University Press.

Ao combinar um instrumento de precificação com a regulação direta para lidar com a ocorrência de pontos críticos (*hotspots*) de escassez, a eficiência estática é mantida, com um aumento da eficiência total potencial, se o custo marginal adicional da economia de água do instrumento secundário for igual à diferença entre o custo marginal do instrumento primário e o dano marginal à escassez de água[2].Como discutido acima, esse também é o caso quando a cobrança pela captação de água é combinada com um sistema de outorgas negociáveis (Figura 2.9).

Uma combinação bem planejada de regulação direta e cobranças pelo uso de recursos hídricos seria mais aceitável pública e politicamente que a implementação de um alto valor de cobrança ou de regulação rigorosa para atingir determinado nível de economia de água. O uso de regulação para complementar uma cobrança pela captação de água pode reduzir a incerteza sobre ações de curto prazo e de mais longo para a economia de água, especialmente se o valor da cobrança for muito baixo (em comparação aos custos de medidas de economia de água)[3]. Entretanto, a flexibilidade dessa combinação provavelmente diminuiria à medida que o rigor da regulação aumente.

Mercados de água e regulação direta

A regulação direta pode ser usada para complementar um mercado de água para evitar pontos críticos de escassez hídrica. No entanto, complementar um mercado de água com uma regulação direta qualquer, sem levar em consideração seu escopo ou nível de restrição, não reduz o volume total de água captada que, *ceteris paribus*, permanecerá, no agregado, perto do limite máximo (*cap*). Da mesma forma, o uso de mercados de água para apoiar a regulação direta não reduz a economia total de água além do que se esperaria se a regulação fosse usada isoladamente (porque uma vez que cada captador atende a suas exigências regulatórias, a demanda e o preço das outorgas de água caem para zero).

Um mercado de água (com limite total imposto por um sistema de *cap-and-trade*) pode ser usado para aumentar a flexibilidade e reduzir o custo de cumprir as regulações específicas para subgrupos (por exemplo, setor, distrito de irrigação, tipo de indústria). Captadores com um desempenho melhor que o previsto na regulação podem gerar créditos que aqueles com desempenho pior poderão comprar para compensar seu déficit. Essa é a essência de um sistema de linha de base e crédito (*baseline-and-credit system*).

O uso de regulação direta para complementar um mercado de água tem impacto positivo no custo-efetividade estático e dinâmico, se a regulação reduzir falhas de mercado e de informação que limitam a influência do sinal de preço produzido pelo mercado de água. Entretanto, a regulação deve exigir ou incentivar o uso de tecnologias ou comportamentos para economia de água com um custo marginal abaixo do preço da outorga para manter o custo-efetividade estático. Caso contrário, os custos totais de conformidade aumentam com a demanda por outorga e há uma provável redução dos preços das outorgas, em contrapartida, diminuindo os benefícios de eficiência de um mercado de água.

Uma exceção a isso é quando a regulação direta tenta resolver os pontos críticos de escassez hídrica, com a imposição de custos marginais de economia de água iguais à diferença entre o preço da outorga e os danos marginais totais à escassez de água da captação em questão. Nesses casos, a eficiência estática é mantida e há um aumento de custo-efetividade econômico em geral.

O uso de um mercado de água juntamente com a regulação pode alcançar determinado nível de economia de água de forma mais eficiente (tanto estática quanto dinamicamente) do que o uso da regulação direta isoladamente. Isso acontece porque os instrumentos de precificação equilibram o incentivo marginal de economizar água quando a regulação direta não consegue fazê-lo. Entretanto, para manter custo-efetividade, o limite máximo e o piso do TPS devem ser estabelecidos considerando a economia de água esperada a partir da regulação.

A aceitação política será provavelmente diferente a depender de qual instrumento seja o primário ou o secundário. Usar a regulação direta para resolver problemas de pontos críticos em um mercado de água, provavelmente, aumentará os custos totais de conformidade, reduzindo, assim, a aceitabilidade em comparação a implementação isolada de um mercado de água. O mesmo se aplica a regulações mais gerais (por exemplo, desempenho mínimo ou padrões tecnológicos aplicáveis em geral), mesmo que as medidas ou os comportamentos induzidos tenham custos marginais inferiores aos do preço da outorga. A redução da flexibilidade que isso representa pode reduzir a aceitabilidade. Além disso, a natureza de um mercado de água implica que os preços das outorgas podem variar ao longo do tempo, algumas vezes consideravelmente. Embora possa levar a ineficiências e menor viabilidade, uma regulação direta complementar pode ajudar a resolver incertezas e garantir um nível mínimo de eficiência ambiental em curto prazo (e potencialmente em longo prazo). Além disso, ao associar um mercado de água a um instrumento regulatório, aumentando a flexibilidade e a possibilidade de reduzir os custos de conformidade, a aceitabilidade e a capacidade de lidar com as incertezas podem aumentar.

References

Adour-Garonne Water Agency (2021), *Homepage*, https://www.eau-grandsudouest.fr/ (accessed on 10 December 2021). [30]

ANA (2016), *Background report on setting and governing economic instruments for water policy in Brazil*. [7]

ANA (2016), "Plano de recursos hídricos da bacia hidrográfica do rio Piancó-Piranhas-Açu - Resumo executivo", Agência Nacional de Águas, http://piranhasacu.ana.gov.br/produtos/PRH_PiancoPiranhasAcu_ResumoExecutivo_30062016.pdf. [2]

ANA (2014), *Cobrança pelo Uso de Recursos Hídricos, Cadernos de capacitação em recursos hídricos, Vol. 7.*, https://arquivos.ana.gov.br/institucional/sge/CEDOC/Catalogo/2014/CadernosdeCapacitacaoemRecursosHidricosVol7.pdf (accessed on 4 January 2022). [5]

CBH PPA (n.d.), *Relatorio*, http://cbhpiancopiranhasacu.org.br/docs/relatorio/tdrplanopiranhasacu_final-1.pdf. [6]

City of Cape Town (2019), *Cape Town Water Strategy*, https://resource.capetown.gov.za/documentcentre/Documents/City%20strategies%2c%20plans%20and%20frameworks/Cape%20Town%20Water%20Strategy.pdf. [16]

Cox, A. and P. Börkey (2015), "Challenges and policy options for financing urban water and sanitation" January, pp. 68-92, http://dx.doi.org/10.4324/9781315848440-14. [27]

da Silva Santos, A. (2021), "Ex-post evaluation of the socio-economic consequences of the Integration Project of the São Francisco River with Watersheds of the Northern Northeast", *CADERNOS DE FINANÇAS PÚBLICAS*, Vol. 21/1, https://publicacoes.tesouro.gov.br/index.php/cadernos/article/view/128 (accessed on 4 January 2022). [8]

de Lucena Barbosa, J. et al. (2021), "Impacts of inter-basin water transfer on the water quality of receiving reservoirs in a tropical semi-arid region", *Hydrobiologia*, Vol. 848/3, pp. 651-673, http://dx.doi.org/10.1007/S10750-020-04471-Z/FIGURES/8. [9]

de Sousa Freitas, M. (2021), "The Piancó-Piranhas-Açu Hydrographic Basin Face to the 2012-2020 Drought Event", *Brazilian Journal of Animal and Environmental Research*, Vol. 4/1, pp. 1033-1046, http://dx.doi.org/10.34188/bjaerv4n1-084. [3]

Drummond, M. et al. (2015), *Methods for the Economic Evaluation of Health Care Programmes. 4th ed.*, Oxford University Press. [35]

Glauber, J. et al. (2021), "Design principles for agricultural risk management policies", *OECD Food, Agriculture and Fisheries Papers*, No. 157, OECD Publishing, Paris, https://dx.doi.org/10.1787/1048819f-en. [22]

Grafton, Q. and J. Horne (2014), "Water markets in the Murray-Darling Basin", http://dx.doi.org/10.22459/GW.05.2014.08. [34]

Grafton, R. (2019), "Policy review of water reform in the Murray-Darling Basin, Australia: the "do's" and "do'nots"", *Australian Journal of Agricultural and Resource Economics*, Vol. 63/1, pp. 116-141, http://dx.doi.org/10.1111/1467-8489.12288. [32]

Hanemann, M. and M. Young (2020), "Water rights reform and water marketing: Australia vs the US West", *Oxford Review of Economic Policy*, Vol. 36/1, pp. 108-131, https://doi.org/10.1093/oxrep/grz037. [33]

IBGE (2011), *Atlas de saneamento : 2011 / IBGE, Diretoria de Geociências*, https://biblioteca.ibge.gov.br/biblioteca-catalogo?id=253096&view=detalhes (accessed on 5 January 2022). [1]

IBGE (2006), *Censo Agropecuário 2006.* [4]

Inter-American Development Bank (2016), *The Potential of Land Value Capture for Financing Urban Projects: Methodological Considerations and Case Studies*, https://publications.iadb.org/publications/english/document/The-Potential-of-Land-Value-Capture-for-Financing-Urban-Projects-Methodological-Considerations-and-Case-Studies.pdf (accessed on 7 January 2022). [26]

Kibel, P. (2014), "WTO Recourse for Reclamation Irrigation Subsidies: Undermarket Water Prices as Foregone Revenue", *Publications*, https://digitalcommons.law.ggu.edu/pubs/647 (accessed on 4 January 2022). [24]

Martuwarra Fitzroy River (2016), *Fitzroy River Declaration*, https://martuwarrafitzroyriver.org/fitzroy-river-declaration. [17]

Massarutto, A. (2007), "Abstraction charges: How can the theory guide us?", OECD, Paris, https://www.oecd.org/env/resources/40014641.pdf. [29]

Mathijssen, D. et al. (2020), "Potential impact of floating solar panels on water quality in reservoirs; pathogens and leaching", *Water Practice and Technology*, Vol. 15/3, pp. 807-811, http://dx.doi.org/10.2166/WPT.2020.062. [25]

Ministério da Integração Nacional (2004), *Relatório de Impacto Ambiental da Transposição.* [10]

OECD (2021), *Water Governance in Cape Town, South Africa*, OECD Studies on Water, OECD Publishing, Paris, https://doi.org/10.1787/a804bd7b-en. [15]

OECD (2018), *Implementing the OECD Principles on Water Governance: Indicator Framework and Evolving Practices*, OECD Studies on Water, OECD Publishing, Paris, https://doi.org/10.1787/9789264292659-en. [13]

OECD (2017), *Water Charges in Brazil: The Ways Forward*, OECD Studies on Water, OECD Publishing, Paris, https://dx.doi.org/10.1787/9789264285712-en. [28]

OECD (2015), *Stakeholder Engagement for Inclusive Water Governance*, OECD Studies on Water, OECD Publishing, Paris, https://dx.doi.org/10.1787/9789264231122-en. [14]

OECD (2015), *Water Resources Allocation: Sharing Risks and Opportunities*, OECD Studies on Water, OECD Publishing, Paris, https://dx.doi.org/10.1787/9789264229631-en. [20]

OECD (2015), *Water Resources Governance in Brazil*, OECD Studies on Water, OECD Publishing, Paris, https://dx.doi.org/10.1787/9789264238121-en. [19]

OECD (2011), *Water Governance in OECD Countries: A Multi-level Approach*, OECD Studies on Water, OECD Publishing, Paris, https://dx.doi.org/10.1787/9789264119284-en. [12]

OECD/ANA (2021), "Workshop on Strengthening River Basin Governance in the Piancó-Piranhas Açu River Basin (25-28 May 2021)". [18]

OECD/ANA (2019-21), "Water Governance Workshops". [11]

Poff, L., R. Tharme and A. Arthington (2017), "Evolution of environmental flows assessment science, principles, and methodologies", http://dx.doi.org/10.1016/B978-0-12-803907-6.00011-5. [21]

UNESCO (2021), “Irrigators’ tribunals of the Spanish Mediterranean coast: The Council of Wise Men of the plain of Murcia and the Water Tribunal of the plain of Valencia”, United Nations Educational, Scientific and Cultural Organization, https://ich.unesco.org/en/RL/irrigators-tribunals-of-the-spanish-mediterranean-coast-the-council-of-wise-men-of-the-plain-of-murcia-and-the-water-tribunal-of-the-plain-of-valencia-00171. [23]

Wheeler, S. et al. (2017), “Developing a water market readiness assessment framework”, *Journal of Hydrology*, Vol. 552, pp. 807-820, http://dx.doi.org/10.1016/j.jhydrol.2017.07.010. [31]

Notas

[1] A homogeneidade de fatores geomorfológicos, hidrográficos e hidrológicos caracteriza as Unidades de Planejamento Hidrológicos (UPH). UPHs incluem subdivisões da bacia hidrográfica, sub-bacias de rios tributários ou segmentos de rios principais com continuidade espacial.

[2] O efeito rebote ocorre quando o aumento da eficiência do uso da água reduz o custo por unidade do bem agrícola ou industrial produzido (ou por unidade de água fornecida aos usuários finais), aumentando o consumo de água de acordo com a elasticidade-preço da demanda desses bens ou serviços.

[3] Um instrumento "primário" estabelece o incentivo geral ou os requisitos para economia de água, com um escopo mais amplo do que o do instrumento "secundário" com o qual ele é combinado.

[4] Uma regulação que exige a adoção de uma determinada tecnologia (por exemplo, irrigação por gotejamento) frequentemente induz uma mudança mais permanente que os incentivos de economia de água como instrumento de precificação pode provocar, que podem ser revertidos após o sinal de preço ser reduzido ou removido.

Anexo 2.A. Plano de ação

As tabelas resumem as principais ações apresentadas no Capítulo 2.

Tabela do anexo 2.A.1. Fortalecendo a governança multinível e o uso de instrumentos econômicos na bacia hidrográfica do rio Piancó-Piranhas-Açu

Adotar um arranjo de governança que garanta a gestão dos recursos hídricos na escala apropriada e que promova coordenação eficaz	Utilizar as Agências estaduais existentes e certificar-se de que todos os papéis e as responsabilidades estejam claramente definidos; nesse sentido, conduzir autoavaliações que analisem o estado da arte dos marcos da política de governança dos recursos hídricos (o que), as instituições (quem) e os instrumentos (como), além da necessidade de melhorias ao longo do tempo, para todas as vertentes da água (a gestão de recursos da água, a provisão dos serviços da água e a redução de riscos de desastres relacionados à água).
	Seguindo o princípio da subsidiariedade, buscar e acordar entre as partes interessadas, a menor escala apropriada para cumprir as vertentes da gestão da água acima identificadas.
	Avaliar se as instituições em nível de bacia estão entregando seus serviços (uma vez que tais serviços sejam claramente definidos) usando guias de desempenho que identifiquem lacunas e que tracem planos para superar tais lacunas.
Fortalecer o engajamento das partes interessadas	Produzir e disseminar informações detalhadas entre as partes interessadas para construir confiança, de modo que todos tenham os mesmos dados que embasem as discussões e promovam transparência e entendimento comum das situações em nível de bacia.
	Dar atenção à participação dos municípios na gestão de recursos hídricos usando métodos e ferramentas de comunicação específicos para cada situação, com reuniões interativas e *online*, bem como reuniões presenciais nos municípios.
	Fazer esforço personalizado para alcançar as comunidades carentes/desfavorecidas, considerando valores tradicionais e ambientais e valorizando o conhecimento histórico e ecológico das comunidades nativas
Investir no monitoramento e no controle hidrológico	Tornar obrigatório que o outorgado instale sistemas de controle e que reporte as informações sobre as captações de água, com a possibilidade de suspensão da outorga para os casos em que o usuário, repetidas vezes, não apresentar os relatórios ou apresentar dados incorretos; aumentar a capacidade de fiscalização com um cardápio de instrumentos de controle (fiscalizadores em campo, uso de imagens, etc.).
	Requerer avaliações mais detalhadas sobre a disponibilidade hídrica e os usos em áreas de estresse hídrico; criar regras mais rígidas para a gestão dos recursos hídricos e para alocação de água nessas áreas, além de aumentar a capacidade de fiscalização.
	Utilizar modelos hidrológicos como ferramenta para promover o diálogo entre os usuários e apoiar a tomada de decisão; compartilhar as informações do modelo hidrológico utilizado com as partes interessadas para possibilitar-lhes melhor compreensão da situação hidrológica e de sua provável evolução.
Financiar a operação e a manutenção (O&M) da infraestrutura de água bruta	Exigir que os usuários (por exemplo, agências estaduais de água) cubram integralmente os custos de operação e manutenção de reservatórios federais; para isso, trabalhar para a aprovação do projeto de lei recentemente apresentado ao Congresso pelo Ministério do Desenvolvimento Regional.
	Exigir que os quatro estados atendidos pelo Projeto de Integração do Rio São Francisco (PISF) – Ceará, Paraíba, Pernambuco e Rio Grande do Norte – cubram *integralmente* os custos de operação e manutenção do PISF; para tanto, trabalhar no sentido de revisar a cobrança pelo serviço de adução de água bruta feita pela ANA.
	Como medida transitória para a recuperação total dos custos de O&M por meio de cobrança de usuários (serviço de adução de água bruta), considerar a possibilidade de mobilização de outras fontes de financiamento, tais como, alocar parte da receita das cobranças pelo uso de recurso hídrico, nos termos da Lei 9.433 - desde que sejam demonstrados os benefícios públicos da oferta de água (por exemplo, regulação das vazões dos rios). Destinar o aumento das receitas de imposto fundiário proveniente do aumento do preço da terra que foi servida por infraestrutura hídrica (captura de valor). Pagar por serviços ecossistêmicos para infraestrutura hídrica usando soluções baseadas na natureza.
Alocações de água e cobrança pelo uso da água	Estender a cobertura da cobrança a toda a bacia hidrográfica do rio Piancó-Piranhas-Açu, de acordo com a Lei das Águas de 1997; diferenciar as taxas de cobrança de acordo com o risco da falta de água (e não de acordo com os usuários) para proteger os corpos d´água dos quais a água foi retirada contra o risco de escassez.
	Destinar a receita da cobrança aos projetos de gestão de recursos hídricos na bacia onde foram arrecadados, seguindo o princípio de que a água paga a água, com o objetivo de prevenir os riscos de escassez hídrica.
Alocação da água e mercado da água	Para corpos de água com déficit hídrico crônico, definir os limites no volume total de água disponível para a alocação (isto é, um limite de captação) que seja aceitável a todas as partes interessadas, incluindo o meio ambiente e as comunidades; nesse sentido, incluir uma "matriz de risco" em cada marco regulatório.
	Diferenciar o prazo de validade das outorgas de uso da água de acordo com o risco de escassez hídrica, com alocações

	anuais para áreas de risco e títulos de longo prazo para áreas bem providas de água.
	Considerar promover leilões de outorgas para a bacia do rio Piancó-Piranhas-Açu e alocar os rendimentos dos leilões para financiar projetos de gestão de risco de escassez hídrica na bacia.
	Considerar a combinação entre cobranças pelo uso dos recursos hídricos e mercados de água para garantir um preço mínimo de mercado ("piso") e evitar "pontos críticos" de escassez hídrica, aplicando a taxa onde o comércio criar escassez.
Utilizar seguro agrícola para compensar áreas produtoras que não se beneficiaram de outorgas para irrigação.	Continuar a cobrir o risco de não-produção, em vez de procurar cobrir o risco de falta de água para irrigação; desenhar instrumentos de gestão de risco agrícola que sustentem a renda, desvinculados da produção agrícola.
	Definir limite de risco de seca, um "nível aceitável" de risco de seca, ao definir os prêmios de seguro; isso também ajudará a resolver problemas de seleção adversa.
	Em vez de subsidiar prêmios do seguro para os agricultores pobres, aplicar prêmios mínimos a todos os agricultores, introduzir prêmios adicionais para os ricos e redistribuir a renda aos mais pobres para ajudá-los a pagar o prêmio mínimo. Isso ajuda a abordar questões de risco moral.

3 Tornar a regulação da água e do saneamento eficaz no Brasil

O desenvolvimento da infraestrutura deve ser acompanhado por supervisão e monitoramento regulatório efetivo. A nova Lei de Saneamento de 2020 trouxe mudanças no papel regulatório e operacional da ANA, ao mesmo tempo em que apresentou uma série de desafios que vão desde as formas de como adaptar seu mandato e desenvolver sua capacidade e recursos, até a formulação de padrões de referência, supervisão das autoridades infranacionais e promoção da regionalização da prestação de serviços. Este capítulo resume as implicações e os desafios da nova Lei de Saneamento e fornece exemplos das práticas internacionais e das diretrizes normativas relevantes da OCDE.

A Lei do Saneamento de 2020

A nova Lei do Saneamento (Lei 14.206, de 15 de julho de 2020) baliza a reforma do marco regulatório de água e saneamento no Brasil e expande o papel da ANA, que passa de gestora de recursos hídricos para definidora de normas de referência para saneamento básico[1] e supervisora da aplicação dessas normas por parte das instituições infranacionais (Figura 3.1). A nova estrutura fornece mais oportunidades para privatização e investimentos privados, com vistas a desenvolver a infraestrutura e a expandir os serviços de saneamento em todo o país (universalização). Trata-se de uma mudança importante para o setor, uma vez que, no quadro legal anterior, os serviços de abastecimento de água e esgotamento sanitário eram regulados localmente, sem orientação ou supervisão federal, o que resultou em regras dispersas, desarmonizadas e desequilibradas, gerando ineficiências e riscos regulatórios. Espera-se que a nova Lei de Saneamento crie ambiente regulatório mais estável.

Figura 3.1. Evolução do papel de ANA

Fontes: Diário Oficial da União(2020[1]), *Lei nº 14.026, de 15 de julho de 2020*, https://www.in.gov.br/en/web/dou/-/lei-n-14.026-de-15-de-julho-de-2020-267035421; ANA(2021[2]),*Homepage*, https://www.ana.gov.br/eng/(accessado em 20 novembro 2021);SNIS(2018[3]), *Sistema Nacional de Informações sobre Saneamento*, http://www.snis.gov.br/painel-informacoes-saneamento-brasil/web/painel-setor-saneamento.

O principal resultado almejado pelo novo marco legal do saneamento é a universalização dos serviços, com o objetivo de abastecimento de água potável a 99% da população e de coleta e tratamento de esgotos a 90% da população até ao final de 2033[2]. Diversos meios são descritos na nova Lei de Saneamento para alcançar o objetivo máximo, principalmente a harmonização de abordagens e normas para autoridades infranacionais, por meio da adoção de normas de referência emitidas pela ANA, capacitação das autoridades infranacionais, regionalização e melhoria no acesso do setor privado.

A ANA foi colocada no centro da reforma, tornando-se a reguladora nacional dos serviços de abastecimento de água e esgotamento sanitário. Em particular, a ANA foi incumbida de formular as normas de referência a serem seguidas de maneira voluntária pelas autoridades infranacionais e de orientar as agências reguladoras locais e os prestadores de serviços (com elaboração de estudos técnicos, guias e manuais, bem como capacitação de recursos humanos) (Figura 3.1 e Tabela 3.1).

Tabela 3.1. As principais mudanças de funções e responsabilidades da ANA trazidas pela Lei de Saneamento 2020

Antes da Lei do Saneamento de 2020	Responsabilidades adicionais da ANA segundo a Lei de Saneamento de 2020
Política Nacional de Recursos Hídricos • Planos de recursos hídricos • Classificação de corpos hídricos de acordo com o uso • Concessão de outorga de direito de uso de recurso hídrico • Cobrança pelo uso da água • Sistema de Informações sobre Recursos Hídricos Sistema Nacional de Gerenciamento dos Recursos Hídricos (SINGREH) • Ações de apoio à gestão, monitoramento e planejamento de recursos hídricos • Informação para a melhoria do desempenho das agências de água e dos setores usuários de recursos hídricos • Estímulo à criação de comitês de bacias hidrográficas, principalmente em rios de domínio da União • Promoção de programas e projetos que incentivem a propagação de práticas relacionadas ao uso dos recursos hídricos e à saúde ecológica de bacias. • Disseminação de informação periódica sobre a condição de bacias hidrográficas do Brasil	Estabelecimento e monitoramento de **normas de referência** para autoridades infranacionais para: • estimular a cooperação entre os entes federados com foco na universalização dos padrões de instrumentos contratuais e de regulação tarifária • promover a regionalização da prestação do serviço • melhorar os padrões da qualidade e a eficiência na prestação, na manutenção e na operação dos serviços • estabelecer critérios para limitar a duplicação de custos administrativos ou gerenciais a serem pagos pelo usuário final **Supervisão** da conformidade quanto às normas de referência • por meio de verificação periódica por parte da ANA da adoção das normas de referência • relatórios sobre a análise dos resultados com o objetivo de permitir às instituições infranacionais acesso a financiamento federal **Capacitação das autoridades infranacionais**: responsabilidade de guiar e capacitar agências reguladoras locais e prestadores de serviço, assim como preparar estudos técnicos, guias e manuais e promover o treinamento de recursos humanos **Mediação ou arbitragem** voluntária nos conflitos envolvendo poderes concedentes, agências reguladoras ou prestadores de serviços públicos de saneamento básico Incentivo à formação de **grupos de autoridades locais** para prestação de serviços a terceiros, permitindo que localidades menos viáveis a eles se associem, possibilitando o investimento privado (regionalização)
Principais interessados: • Conselho Nacional de Recursos Hídricos (CNRH) • Os conselhos estaduais de recursos hídricos • Os comitês de bacias hidrográficas • Instituições federais, estaduais e municipais responsáveis pela gestão de recursos hídricos e agências de água	Principais interessados: • Instituições federais, estaduais e municipais responsáveis pelos serviços de abastecimento de água e esgotamento sanitário (WSS, sigla em inglês) e reguladores infranacionais • Governo Federal • Financiadores privados • Grupos de consumidores
Responsabilidade regulatória dos WSS: níveis municipal e estadual sem envolvimento federal	Responsabilidade regulatória dos WSS: níveis municipal e estadual com supervisão federal da ANA

O sucesso do lançamento do novo marco legal tem o potencial de apresentar desafios para os diversos atores envolvidos. Em primeiro lugar, o Brasil é um país de dimensões continentais, com realidades diversas: desigualdades sociais, diferenças geográficas e culturais entre as regiões e baixa capacidade de pagamento por serviços. Todas essas características foram intensificadas pela crise do COVID-19, bem como pela capacidade desigual em nível estadual. O processo de harmonização da regulação com o objetivo de atingir a universalização do acesso aos WSS para os cidadãos brasileiros requer engajamento e flexibilidade de todos os atores envolvidos. De acordo com os dados do Sistema Nacional de Informações sobre Saneamento (SNIS), em 2018, somente 83.6% da população teve acesso à água (93%, em áreas urbanas) e 53.2% da população teve acesso a serviços de esgotamento sanitário (61%, em áreas urbanas) (Figura 3.2) (SNIS, 2018[3]).

Em segundo lugar, o setor de recursos hídricos é caracterizado por ser altamente sensível e dependente da governança multinível (OECD, 2015[4]). Tais características são mais exacerbadas num contexto de federalismo descentralizado em WSS, como no Brasil. Além disso, há um elevado número de agências reguladoras infranacionais de WSS: um total de 72, incluindo 34 municipais, 13 intermunicipais e 25 agências reguladoras estaduais. Portanto, há necessidade de coordenação entre a ANA, os reguladores infranacionais, os governos municipais/locais e o governo federal.

Em terceiro lugar, quando o escopo das responsabilidades da ANA foi ampliado, especialmente no que diz respeito à harmonização (por meio da edição de normas de referência aplicáveis a todas as autoridades infranacionais, assim como da função de supervisão regulatória na implementação das normas), deficiências em seu mandato foram percebidas, especialmente com relação a não-obrigatoriedade da aplicação das normas.

Figura 3.2. Dados de água e saneamento – um retrato do Brasil (2018)

Fonte: SNIS(2018[3]), *Sistema Nacional de Informações sobre Saneamento*, http://www.snis.gov.br/painel-informacoes-saneamento-brasil/web/painel-setor-saneamento.

Tornando a reforma efetiva

De acordo com as práticas internacionais e os quadros normativos da OCDE, algumas dimensões-chave devem ser consideradas pela ANA para o sucesso da nova estrutura e do marco legal. As propostas são descritas abaixo.

Conseguindo clareza de papeis

A reforma do setor de recursos hídricos e saneamento do Brasil é um empreendimento ambicioso e seu sucesso depende do esforço colaborativo e da coordenação eficaz entre todos os atores. O novo marco regulatório, definido na Lei de Saneamento, prevê metas de longo prazo (ou seja, dezembro de 2033 para a consecução da universalização dos WSS).

Ao mesmo tempo, o marco legal precisa do envolvimento de um elevado número de atores para ser bem-sucedido. Como esboçado na Tabela 3.2, a matriz de relações atual do setor é complexo, mesmo quando se desconsidera consumidores atuais e futuros, ou investidores. Autoridades municipais, regionais e do estado são responsáveis pela prestação dos serviços e do desenvolvimento da regulação local; às autoridades federais cabe a regulação nacional, bem como o planejamento e o financiamento da infraestrutura hídrica.

Tabela 3.2. Estrutura e atores envolvidos nos sistemas de abastecimento de água e esgotamento sanitário

Atividade	Atores responsáveis			
	Autoridades municipais	Autoridades regionais/intermunicipais	Autoridades do estado	Autoridades federais
Prestação de serviço	X	X	X	
Desenvolvimento da regulação	X	X	X	X (ANA)
Planejamento de infraestrutura	X	X		X
Financiamento de infraestrutura			X	X

Fonte: Diário Oficial da União(2020[1]), *Lei 14.026 de 15 julho 2020*, https://www.in.gov.br/en/web/dou/-/lei-n-14.026-de-15-de-julho-de-2020-267035421; ANA(2021[2]), *Site*, https://www.ana.gov.br/eng/ (acessado em 20 novembro 2021); OECD/ANA(2019-21[5]), "Oficinas de Governança dos Recursos Hídricos".

O regulador da Austrália do Sul, a Comissão de Serviços Essenciais da Austrália do Sul (ESCOSA), estava em posição semelhante à da ANA ao receber responsabilidades adicionais como consequência da reforma regulatória ocorrida no país. Da mesma forma que a ANA, a ESCOSA operava em um sistema federal (porém sem supervisão federal) e sofria o impacto de diferentes níveis de governança. A fim de obter clareza de papéis e definir responsabilidades para todos os atores envolvidos na nova composição regulatória, a ESCOSA e os outros atores do setor criaram uma série de pactos de alto nível ("acordos de relacionamento"). Por meio desses pactos, os atores relevantes compreenderam os objetivos de curto e longo prazos impulsionados pela reforma e foram capazes de agir em sincronia com vistas a alcançar os objetivos da nova política (ESCOSA, 2020[6]). Além disso, tais pactos de alto nível podem tornar-se ferramenta operacional útil e, se necessário, podem ser consultados se o diálogo ou a cooperação entre os atores "sair dos trilhos".

Um regulador eficaz deve ter objetivos definidos, com funções e mecanismos claros e interligados para coordenar-se com outras instituições relevantes e alcançar os resultados regulatórios desejados. Os *Princípios de Melhores Práticas para a Governança dos Reguladores* da OCDE descreve como os reguladores podem ter uma missão bem definida e responsabilidades distintas dentro de esquemas regulatórios. Como afirma a OCDE (2014[7]):

> *A menos que os objetivos sejam especificados, o regulador pode não ter elementos suficientes para estabelecer prioridades, processos e limites para seu trabalho. Além disso, objetivos claros são necessários para que outros possam responsabilizar o regulador por seu desempenho.*

A estrutura estratégica (visão, missão e objetivos estratégicos) do regulador oferece oportunidade para a definição e a comunicação dos papéis, das responsabilidades e das expectativas. Tais exercícios facilitam o engajamento das partes interessadas na discussão sobre a direção estratégica do regulador, ao mesmo tempo em que se considera uma boa prática que os reguladores econômicos tenham independência na definição de suas estratégias de longo prazo. Dados da OCDE mostram que, no setor de recursos hídricos, 70% dos reguladores receberam contribuições do governo no processo de definição de suas estratégias (OECD, 2018[8]). Essa colaboração é especialmente relevante no contexto brasileiro atual, com a introdução de uma reforma tão significativa para os serviços de abastecimento de água e esgotamento sanitário. O quadro estratégico final terá de ser comunicado às partes interessadas de forma transparente, possivelmente por meio de uma estratégia de comunicação que pode ser um *site* atualizado da ANA e o monitoramento efetivo dos objetivos estratégicos.

No caso da ANA, o regulador também deve administrar funções potencialmente conflitantes de gestão de recursos hídricos e de regulação econômica dos WSS (ou seja, o desempenho de uma função poderia, potencialmente, limitar ou comprometer a capacidade do regulador de cumprir sua outra função). Tais arranjos, em que um regulador trabalha com diferentes áreas de interesse público, requerem boas práticas regulatórias. Consequentemente, dispor de acordos institucionais que assegurem a transparência na tomada de decisão e a responsabilização pelas decisões são cruciais. A ESCOSA passou por inúmeras mudanças em suas atribuições na última década. A experiência da ESCOSA sugere que objetivos regulatórios claros, acompanhados de robusta governança interna, bem como de foco na criação de valores e cultura internos, rendem benefícios no longo prazo.

Assim como o Brasil, a União Europeia (UE) dispõe de vasto território formado por 27 Estados-membros, com geografia, prioridades socioeconômicas e necessidades de consumo muito diversificadas. Não obstante, a UE logrou introduzir uma estrutura comum para regular a qualidade dos recursos hídricos para todos os seus membros, tendo em conta as especificidades regionais. Isto foi alcançado por meio de diferentes instrumentos legislativos (diretivas e regulamentos), que estabelecem princípios comuns (por exemplo: recuperação de custos, ou a obrigação de os poluidores pagarem pelos danos ambientais gerados) e objetivos específicos (como normas de qualidade da água potável, tratamento de águas residuais, eliminação de lodo, etc.), ao mesmo tempo que permite aos Estados-Membros da UE flexibilidade na aplicação destes instrumentos. Além disso, os dados da associação dos reguladores de recursos hídricos da UE (Quadro 3.2) mostram um amplo escopo de atuação por parte dos reguladores.

Como se pode ver no exemplo relativo à ARERA, na Itália, a independência do regulador (inclusive quanto a recursos financeiros, recursos humanos e aspectos organizacionais internos) é essencial para permitir o desempenho de sua ação regulatória, como demostrado pelas áreas independentes da ARERA (Quadro 2.1). Além disso, à semelhança da ANA, a ARERA passou por mudança nas suas funções na última década, o que a levou a reformular sua abordagem regulatória, a fim de executar a política nacional de serviços de abastecimento de água e esgotamento sanitário.

Quadro 3.1. Regulação independente na Itália

O âmbito de ação do regulador independente italiano, ARERA, tem o apoio de uma cultura de independência.

Tabela 3.3. Âmbito de atuação e independência da ARERA

Âmbito de atuação da ARERA	Independência da ARERA
Regulação econômica • definição da metodologia da tarifa • aprovação de tarifa (incluindo planos de investimento de capital) • definição de padrões de qualidade do serviço • desagregação das contas das operadoras • proteção ao consumidor **Fiscalização** • procedimentos para violações e sanções • coleta e monitoramento de dados • inspeções • poderes de informação e de assessoria institucional	• Procedimento de nomeação do Conselho (Governo, Parlamento e votação por maioria qualificada) • Mandato do Conselho (7 anos) além do ciclo parlamentar (5 anos) • Autonomia financeira (por meio de tarifas, sem contribuições do Estado) • Autonomia organizacional (sem interferência dos ministérios) • Alta capacitação técnica do Conselho e da equipe (economistas, advogados, engenheiros) • Incompatibilidade de papéis entre o regulador e os atores regulados • Atos vinculantes, sem necessidade de legislação adicional

Fonte: OECD/ANA(2019-21[5]),"Oficinas de Governança dos Recursos Hídricos".

Quadro 3.2. Reguladores Europeus de Recursos Hídricos (WAREG) - âmbito da atuação regulatória e independência

Os dados dos Reguladores Europeus de Recursos Hídricos (WAREG) sugerem que as agências reguladoras na União Europeia têm vasto âmbito de atuação, com responsabilidades que vão desde definição de padrões de consumo e de qualidade técnica, até coleta de dados e aprovação de tarifas. Isso ocorre paralelamente à independência de financiamento, pela qual mais da metade das agências dos WAREG têm como principais fontes de financiamento as empresas reguladas.

Figura 3.3. Âmbito de atuação regulatória nos WAREG

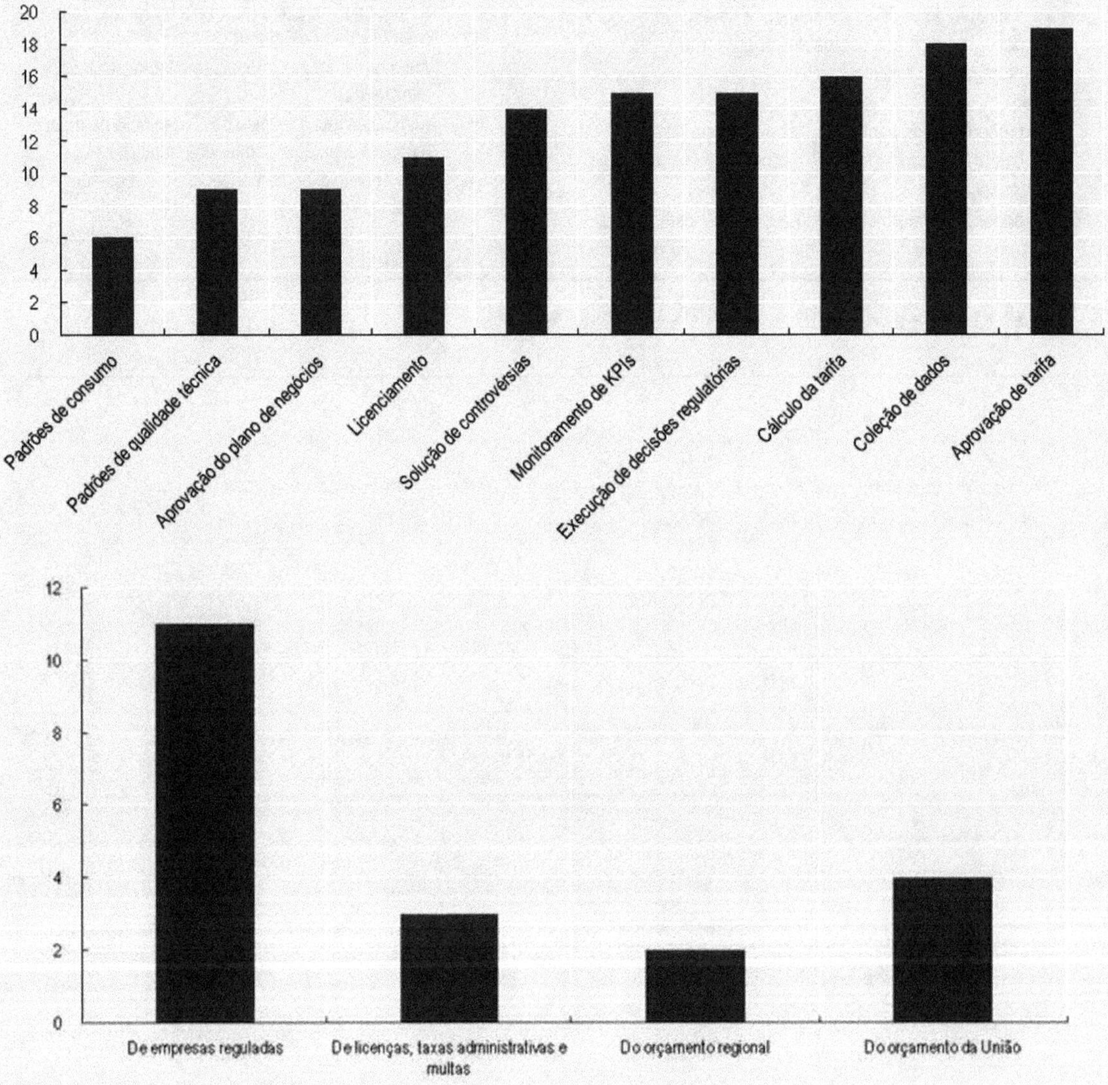

Fonte: OECD/ANA (2019-21[5]),WAREG (2021[9]), *Water Regulatory Governance across Europe*, https://www.wareg.org/documents/water-regulatory-governance-around-europe/.

A implementação da nova lei requererá:

- **Liderança inequívoca do Ministério do Desenvolvimento Regional e ações do Ministério da Economia, da ANA, das autoridades infranacionais, dos prestadores de serviço, dos atores da sociedade civil e dos consumidores**. O sucesso da implementação da reforma depende do esforço coletivo de todos os atores e da clareza do papel de cada entidade. Nesse ambiente, será fundamental para a ANA definir o seu novo papel no que diz respeito à reforma e aos objetivos definidos pelo governo e comunicar seu papel, suas responsabilidades e suas áreas de atuação a todas as partes interessadas.
- **As partes interessadas relevantes deverão determinar *ex-ante* a sua "definição de sucesso".** Mais especificamente, isso deve incluir, de maneira realista, objetivos de curto e longo prazo e marcos a serem alcançados pelas partes interessadas, bem como áreas de convergência para coordenação entre as partes. O novo marco regulatório é um empreendimento de vulto que prevê objetivos de longo prazo. Assim, a ANA deve procurar aproveitar sua experiência pretérita e traçar planos realistas em torno de objetivos factíveis no curto prazo e outros que vão requerer anos de trabalho conjunto entre as partes para sua consecução.
- **O papel da ANA como facilitadora de um pacto de alto nível entre os atores envolvidos no ecossistema dos WSS, em formato similar ao criado para a gestão de recursos hídricos em 2015, entre a ANA e os 27 estados da federação, baseado em condicionantes**. A ANA deve aproveitar sua experiência pretérita para consolidar a base do marco regulatório para o saneamento básico, em sincronia com os objetivos dos outros atores envolvidos no contexto da nova Lei do saneamento.
- **Um pacto de alto nível tem de reconhecer que a reforma e sua implementação mudam a dinâmica entre as instituições que atuam no setor e criam "vencedores" e "perdedores", em termos de responsabilidades e de poderes**. A implementação da reforma requererá a identificação dessas mudanças e de como elas afetam as diferentes partes interessadas e as relações entre as instituições. O engajamento e as atividades de aprimoramento da capacitação precisam ser diferenciados entre as instituições.

Coordenando efetivamente

A nova política de abastecimento de água e saneamento precisará realocar responsabilidades dentro do ecossistema dos WSS. Ao projetar sua estratégia para a implementação do novo marco, a ANA deve estar atenta à influência de tais mudanças no processo de coordenação com outras partes interessadas. Ao desenvolver relacionamentos com atores infranacionais, a ANA pode encontrar resistências a mudanças. As autoridades infranacionais precisarão adotar e seguir os regulamentos emitidos pela ANA e o controle será deslocado do nível das autoridades locais, que não eram sujeitas à supervisão federal e definiam suas próprias estruturas regulatórias, para o nível federal. Um desafio-chave para a ANA será o de relacionar-se, de forma eficaz, com as autoridades infranacionais, de modo que todas as partes tenham uma compreensão compartilhada da lei e do regime. Os reguladores infranacionais terão um conjunto de ferramentas simples que os habilite a iniciar a adoção de normas de referência e a aprimorar o uso das melhores práticas. Existe a necessidade de engajamento dos atores nos objetivos compartilhados, incluindo aqueles que sentirem que perderam ou autonomia ou liberdade de ação devido à reforma.

Por meio do contexto legal e de políticas públicas criado pelo novo marco e com a ajuda das melhores práticas internacionais, há grande espaço para a cooperação entre a ANA e as autoridades infranacionais, como identificado no marco dos Princípios da OCDE para Governança dos Recursos Hídricos (Quadro 3.3).

Um mecanismo-chave de coordenação entre a ANA e as autoridades infranacionais deverá estar em vigor para garantir que, na aplicação da nova lei, não haja conflito formal ou aparente com relação a:

- quem toma a decisão final
- quem implementa a decisão
- quem avalia o impacto e revisa regularmente o processo de implementação.

Quadro 3.3. Desenvolvimento de coordenação efetiva seguindo os Princípios da OCDE para Governança dos Recursos Hídricos.

Os Princípios da OCDE para Governança dos Recursos Hídricos (OECD, 2015[10]) fornecem ferramentas para o desenvolvimento de coordenação efetiva. Com a utilização do artigo sobre a Governança da Infraestrutura de Água Potável e Saneamento no Brasil (OECD, 2017[11]), ainda não publicado, pode-se esboçar o seguinte:

1. Eficácia:
   a. Necessidade de coordenação entre os planos de saneamento municipais, estaduais, regionais e federais.
   b. Necessidade de coordenação horizontal e de priorização de metas, em nível federal, entre os programas para concessão de financiamento para o saneamento.
   c. Necessidade de consolidação das informações sobre o número de sistemas de abastecimento municipais, no Brasil.
   d. Necessidade de abordagem mais consolidada, em contraste com a fragmentação atual das responsabilidades e dos programas entre as autoridades federais.
2. Eficiência:
   a. Necessidade de capacidade técnica, de planejamento e de implementação nos municípios.
   b. Necessidade de adoção de controle de qualidade.
   c. Questões sobre financiamento, tais como a habilidade de usar os fundos alocados, a sustentabilidade econômica, a falta de confiança da população e a entrada do investimento privado precisam ser abordadas em nível infranacional.
3. Confiança e engajamento:
   a. Preocupação acerca de conflitos de interesses em nível municipal.
   b. Fraca participação das partes interessadas e dos consumidores.

Fonte: OECD (2017[11]), *Relatório sobre Governança da Água Potável e Infraestrutura de Saneamento no Brasil*, https://www.ana.gov.br/todos-os-documentos-do-portal/documentos-sas/arquivos-cobranca/documentos-relacionados-saneamento/governance-of-ws-infrastructure-in-brazil_final.pdf.

Isso complementa os exemplos de abordagem regulatória da Itália, na ARERA, e da Austrália, na ESCOSA, onde as mudanças no mandato dos reguladores revigoraram a coordenação e os diálogos com outros atores nacionais e da indústria. A coordenação eficaz pode ser alcançada por meio de uma série de atividades-chave:

- A ANA precisa se envolver com as autoridades infranacionais para que todas as partes tenham pleno entendimento da lei e do novo regime. Para isso, os Princípios da OCDE sobre Governança dos Recursos Hídricos, aplicados ao contexto brasileiro, devem ser considerados. Mais especificamente, é necessária uma coordenação horizontal em nível federal para que os vários programas de financiamento sejam alinhados. Há necessidade de consolidação de abordagem entre as autoridades federais e o controle de qualidade precisa ser implementado de forma harmonizada.

- A ANA pode facilitar o diálogo com outras autoridades estatais, incluindo os reguladores infranacionais, para que as responsabilidades de cada ente sejam compreendidas. Além de aumentar a conscientização, os atores do setor precisam estar comprometidos com a implementação do novo marco legal.

Definindo o período de transição adequado e lidando com expectativas da ANA

Haverá um lapso temporal entre a aprovação do novo marco legal, o desenvolvimento de normas de referência editadas pela ANA e a adoção das normas pelas instituições infranacionais. Por ocasião das oficinas (outubro de 2020), a ANA já havia publicado calendário de consultas e lista de prioridades para o desenvolvimento das normas de referência (ANA, 2020[12]).

No processo de desenvolvimento de normas e especialmente durante esse período de transição, a ANA deve efetuar uma autoavaliação sobre o *status quo*. Isso pode ocorrer na forma de um "exercício de preencher lacuna", no qual a ANA identifica, por um lado, áreas de regulação que funcionam adequadamente nas instituições infranacionais e podem, portanto, ser adaptadas em nível nacional muito rapidamente, e, por outro lado, assinala áreas que precisam de melhorias significativas e revisão completa.

A nova Lei de Saneamento constitui processo de longo prazo, o que representa uma grande revisão da estrutura anterior de serviços de abastecimento de água e esgotamento sanitário. Consequentemente, ela gerou expectativas na população e nas partes interessadas. A maior parte delas recai sobre a ANA, já que é instituição central na reforma. Assim, há necessidade de a ANA mostrar bons resultados logo no início, com "vitórias rápidas", no primeiro ou segundo ano após a aprovação da nova lei, a fim de evidenciar às partes interessadas as mudanças positivas decorrentes da reforma. Para isso, projetos-piloto (como o projeto de concessão de água e esgoto em Alagoas) são importantes, pois servirão de exemplo de como o marco legal poderá ser colocado em prática.

Além disso, o período de transição trará desafios específicos que precisarão ser administrados pela ANA, pelo governo federal, por financiadores e pelas autoridades infranacionais. A maioria dos contratos atuais, por exemplo, foi firmada dentro da estrutura legal, mas alguns apresentam deficiências significativas. Esses contratos devem ser objeto de atenção especial. Espera-se, ainda, que alguns contratos sejam assinados logo após a aprovação da nova Lei do Saneamento. Embora as normas de referência não estejam finalizadas, objetivos ou princípios específicos devem ser desenvolvidos pela ANA, de modo que os novos contratos estejam de acordo com o marco legal e com as boas práticas a serem adotadas pelo Brasil.

A ANA deverá estar atenta aos precedentes legais das legislações infranacionais e dos tribunais estaduais. Alguns desses podem não ser compatíveis com as normas de referência que ANA pretende estabelecer. A ANA, juntamente com as autoridades infranacionais, necessitará de estratégia para administrar as eventuais discrepâncias durante o período de transição.

A ANA precisará administrar as expectativas criadas a partir de seu papel como definidora de normas de referência - mais especificamente em relação à qualidade da regulação em nível local, que se espera que melhore, não somente com a uniformidade, mas também com o compartilhamento e a adoção de boas práticas pelas autoridades infranacionais. Finalmente, a ANA não será prestadora de serviço, mas tão somente a supervisora dos reguladores infranacionais (porque os reguladores locais supervisionarão os prestadores). O sucesso dos resultados finais dependerá das relações construtivas e eficazes entre os reguladores federais e estaduais.

Em suma, a gestão do período de transição requererá:

- Avaliação por parte da ANA do status quo das instituições infranacionais, bem como análise dos padrões adequados e dos procedimentos atuais praticados por algumas destas instituições infranacionais.
- Adoção, por parte da ANA, de uma postura clara na gestão das expectativas de curto prazo em relação ao que pode ser entregue aos consumidores e ao setor nos próximos dois anos, bem como a forma como a prestação dos serviços e as questões práticas contratuais serão tratadas, até que as normas de referência estejam desenvolvidas e implementadas.

Construindo adequada capacitação humana e técnica

A ANA é considerada pelas partes interessadas como um regulador profissional, maduro e respeitado. A inclusão de novas responsabilidades como consequência da Lei do Saneamento de 2020 é resultado do reconhecimento de sua capacidade e de seu sucesso na área de gestão de recursos hídricos. Para implementar a reforma, o novo mandato e as novas funções devem ser acompanhados por um esforço para garantir financiamento, habilidades e competências adequados, bem como uma cultura unificada.

As competências atuais da ANA não são necessariamente adequadas às novas funções. Neste momento, a ANA dispõe de recursos humanos capacitados para a gestão de recursos hídricos. As novas responsabilidades em relação à regulação do WSS (emissão de normas de referência e supervisão regulatória, capacitação, construção de relacionamento, etc.) exigem o foco em um conjunto diferente de habilidades. Normalmente, os recursos humanos de reguladores do setor hídrico necessitam de profissionais provenientes das áreas econômicas, jurídicas, de contabilidade (Figura 3.4).

Além de uma avaliação das habilidades necessárias, a situação fiscal no Brasil faz com que a ANA tenha dificuldade para atualizar seu quadro de servidores diante das rígidas normas federais. O Ministério da Economia, que controla o orçamento federal, restringe as regras de contratação de pessoal com a exigência de que os órgãos públicos solicitem a abertura de concursos públicos para preenchimento de vagas. Tais vagas comporão a força de trabalho de que a ANA precisa para cumprir seu novo mandato. Historicamente, o Ministério da Economia tem autorizado poucos concursos para órgãos públicos com a justificativa de manter o equilíbrio fiscal. Embora as restrições federais à progressão na carreira com base na experiência e na formação acadêmica e aumentos salariais por tempo de serviço tenham acabado, outras restrições, como a de movimentação de pessoal entre as agências, (Government of Brazil, 2018[13]) ainda estão em vigor.

Figura 3.4. Categorias de empregos em agências reguladoras de água

% de tipos de trabalho e profissões representados em agências reguladoras selecionadas

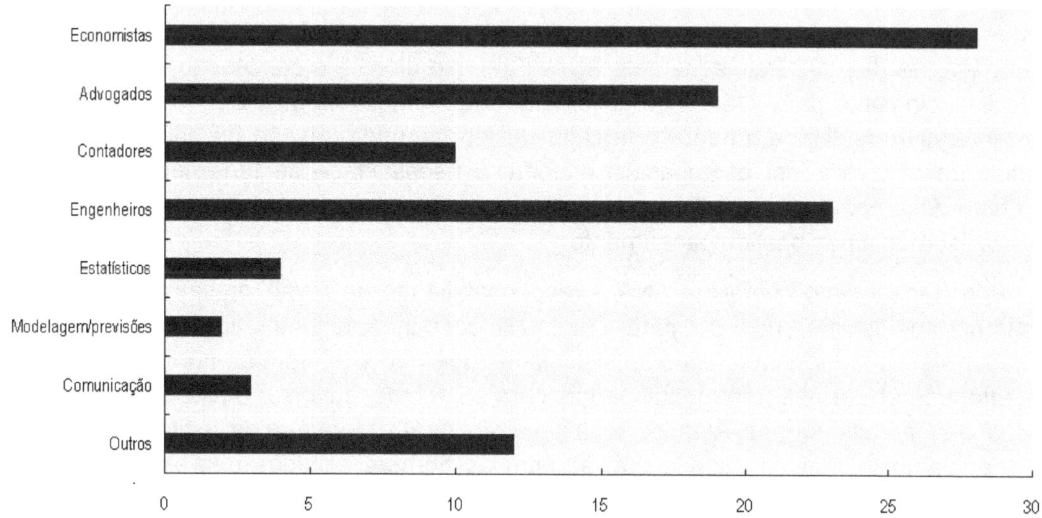

Obs.: Com base no relatório da OCDE sobre a Governança dos Reguladores de Recursos Hídricos (2014).
Fonte: OECD(2015[14]), *The Governance of Water Regulators*, Paris, https://doi.org/10.1787/9789264231092-en.

Em suma, as seguintes soluções podem ser consideradas:

- Neste momento, a ANA dispõe de recursos humanos capacitados para a gestão de recursos hídricos. As novas responsabilidades em relação à regulação do WSS (emissão de normas de referência e supervisão regulatória, capacitação, construção de relacionamento, etc.) exigem o foco em um conjunto diferente de habilidades. Consequentemente, é aconselhável que a ANA não se concentre apenas na substância da reforma regulatória, mas também na gestão interna dos recursos que lhe possibilitem a entrega de alguns "sucessos rápidos". Por exemplo, a ANA precisará repensar seu conjunto de habilidades e adicionar mais especialistas jurídicos, econômicos e analistas de dados à base de funcionários que hoje se concentra em engenheiros. A integração de novos profissionais à ANA provavelmente será um desafio, pois os atuais terão de "dar espaço" aos novos servidores. Além disso, as várias disciplinas precisarão trabalhar de forma conjunta para agregar valor aos processos regulatórios e à tomada de decisão da ANA, ao invés de competir internamente.
- A ANA deve estar atenta aos recursos financeiros adicionais necessários para cumprir o mandato conferido pela nova Lei de Saneamento, bem como considerar como o aumento do orçamento será financiado e como isso pode afetar sua independência no longo prazo.

Alcançando supervisão e fiscalização eficazes

A nova Lei de Saneamento confere à ANA a responsabilidade de verificar a adoção e a adesão por parte das autoridades infranacionais às novas normas de referência dos WSS. No entanto, a nova função não foi acompanhada por correspondente poder de execução, o que está em desacordo com as recomendações de melhores práticas da OCDE, que afirma: "todas as principais funções regulatórias são desempenhadas por instituições responsáveis com poderes de execução". Isso sugere que a ANA tem um escopo de ação estreito quando se trata de suas regulações. No entanto, pode-se desenvolver um sistema de referência (*benchmarking*) que apresente comparações de desempenho. O aumento da transparência pode pressionar os atores que não estão implementando as normas de referência.

Dados da OCDE, com base em pesquisa sobre a Governança dos Reguladores (OECD, 2014[7]), sugerem que, entre os cinco setores econômicos, o escopo de atuação dos reguladores de recursos hídricos é o segundo menos restrito. O escopo de atuação refere-se ao leque de atividades que o regulador pode realizar, incluindo tomada de decisão e exercício de poderes coercitivos e sancionadores. Em vez de mecanismos coercitivos, a nova lei cria incentivos indiretos para que as instituições infranacionais adotem as regulamentações dos WSS editadas pela ANA. Exemplo disso é a concessão, por parte do governo federal, de financiamento para WSS a municípios que adotem as normas de referência da ANA. Uma sondagem interativa, realizada durante o terceiro dia da segunda sessão de oficinas, revelou que os participantes identificavam, por esmagadora maioria, a necessidade de ferramentas adequadas para premiar o bom desempenho e penalizar o mau desempenho, como mecanismo prioritário para a ANA executar sua estratégia nacional de saneamento.

A nova Lei do Saneamento confere à ANA a responsabilidade de rever regularmente o progresso da adoção das normas de referência por parte das instituições infranacionais. Entretanto, a ANA não tem nenhum poder sancionador com relação às instituições que não adotarem as normas, exceto o de reter financiamento federal. Não há ferramentas legais para a ANA desenvolver uma abordagem incremental e orientada à adoção das normas. Além disso, a situação atual sugere que as instituições municipais têm recebido financiamento mesmo quando não adotam as normas editadas pela ANA nem apresentam planos municipais de saneamento. A aplicação de regras e a execução de políticas, num contexto em que sua implementação e supervisão foram permissivas no passado, constitui um desafio. Entretanto, há inúmeras abordagens que a ANA pode desenvolver para mitigar essa deficiência estrutural no que diz respeito a seus poderes regulatórios.

Mesmo nesse contexto legal, os Princípios da OCDE para as Melhores Práticas de Execução e o Kit de Ferramentas da OCDE para Execução e Fiscalização (OECD, 2018[15]) podem orientar a ANA na criação de estratégias para desenvolver supervisão eficaz. Os objetivos de um bom sistema de fiscalização são:

- Entregar os melhores resultados possíveis para prevenção ou mitigação de risco e promover prosperidade econômica e melhorar o bem-estar em prol do interesse público.
- Assegurar a confiança e a satisfação das diferentes partes interessadas, cujas visões, muitas vezes, podem ser conflitantes (OECD, 2012[16]). Isso é importante no contexto brasileiro atual, no qual papéis, responsabilidades e funções das instituições infranacionais e dos prestadores locais podem mudar no longo prazo enquanto se implementam novas regras dos WSS.

Mesmo sem poder de coerção, a ANA pode e deve usar um conjunto de ferramentas de "abordagem suave" para aumentar a probabilidade de as autoridades infranacionais aderirem às suas normas. São elas:

- **Engajamento com as agências infranacionais.** Isso está explicado em detalhe na seção "engajamento das partes interessadas" abaixo. O papel da ANA será crucial para envolver os atores relevantes do setor de WSS no processo de definição das normas de referência.
- **Fortalecimento e capacitação.** Prover capacitação para agências reguladoras infranacionais de WSS é uma das principais responsabilidades da ANA, que pode ser aproveitada para ajudar os reguladores infranacionais a cumprirem os novos requisitos regulatórios. A fim de alcançar sucesso na prerrogativa de desenvolver as capacidades das instituições infranacionais, a ANA precisa começar com uma avaliação sobre as habilidades e as deficiências encontradas nesses órgãos. Dessa forma, poderá identificar boas práticas a serem compartilhadas entre os reguladores estaduais e identificar áreas prioritárias, no curto prazo, e promover desenvolvimento estratégico no longo prazo.
- **Ampliação da transparência.** Por um lado, a transparência deve ser implementada no funcionamento do setor de WSS (ou seja, visibilidade de contratos, documentos de licitações, indicadores de desempenho e evolução em relação a eles, etc.). Por outro lado, as análises e avaliações de desempenho levadas a cabo pela ANA, sobre a conformidade das autoridades

infranacionais às normas de referência (por meio de um sistema de referência - *benchmarking*) e às estratégias prospectivas e planos/resultados de engajamento das partes interessadas, precisam ser disponibilizadas e escritas em linguagem acessível ao público em geral.

- **Coleta de dados e sua transmissão à ANA.** É importante que se tracem objetivos e metas para os prestadores de serviço (por exemplo, limites verificáveis e claros a serem repassados à ANA). Esses elementos devem ser sistematizados nas normas de referência e deverão incluir resultados regulatórios previamente estabelecidos. A ANA deve considerar diversas formas de receber as informações, inclusive usando os sistemas atuais, tais como o Sistema Nacional de Informação sobre Saneamento (SNIS). Conforme observado no exemplo abaixo (Quadro 3.4) do regulador australiano ESCOSA, o modelo regulatório iterativo implica o uso de uma gama de dados e informações variadas para que o regulador realize uma análise *ex-post* da regulação. Da mesma forma, a União Europeia realiza "verificações de adequação" para garantir que a legislação anterior esteja ajustada à finalidade. O resultado das verificações é levado em consideração como parte das avaliações de impacto legislativo mais amplo para o setor hídrico (EC, 2020[17]). Além disso, o regulador italiano, ARERA, emprega um site de coleta de dados para dar apoio a suas ações regulatórias e de fiscalização.

Por fim, a ANA pode explorar o desenvolvimento e o uso de abordagens novas baseadas nos princípios de "regulação responsiva". Em outras palavras, a ação coercitiva deve ser modulada dependendo do perfil e do comportamento das atividades específicas. No entanto, do ponto de vista comportamental, uma abordagem baseada em sanções mostrou-se ineficiente para impedir o mal comportamento e tem como premissa a suposição equivocada de que os atores em questão provavelmente se comportarão mal. Na realidade, uma pesquisa demostrou que somente um pequeno número de atores se comportam mal de forma intencional. Essa mesma pesquisa evidenciou que a maioria dos atores deseja fazer o correto na maioria das vezes, mas que podem não saber como fazê-lo. Portanto, é necessário ajudá-los para que façam a coisa certa (Hodges, 2017[18]). Essa é a base da Regulação Ética dos Negócios (EBR, sigla em inglês).

O EBR baseia-se nas descobertas da psicologia comportamental, nos valores éticos compartilhados e nos incentivos econômicos e culturais. Parte da ideia central de que as decisões são tomadas por indivíduos e não por organizações. O EBR implica uma abordagem colaborativa quanto ao desenvolvimento e à implementação da regulação e estimula o diálogo entre os atores do mercado, as partes interessadas e os servidores públicos, com base em um enfoque ético compartilhado. Na ausência de poderes de coerção, a aplicação dos elementos do EBR na supervisão regulatória pode ser usada pela ANA como estratégia a ser seguida. O EBR foi adotado pela Comissão da Indústria de Água da Escócia (WICS, sigla em inglês) no processo de revisão de futuras cobranças e permitiu que o regulador redesenhasse não somente sua abordagem em relação ao regulamento, mas também seu relacionamento com importantes partes interessadas, como a indústria e os consumidores (Quadro 3.5). A ANA pode adotar princípios do EBR no desenvolvimento de suas normas da referência, bem como no planejamento de sua estratégia de engajamento das partes interessadas, que será discutido com mais profundidade na subseção "Assegurando o engajamento efetivo das partes interessadas".

Quadro 3.4. Modelo de negócio da ESCOSA

O modelo de negócios da ESCOSA pressupõe uma abordagem iterativa da regulação em que o desempenho e as avaliações sejam definidos ao final do ciclo regulatório. Portanto, os regulamentos são revisados à luz da estratégia do regulador de modo que permaneçam relevantes e permitam que a ESCOSA cumpra seu mandato.

Figura 3.5. Modelo de negócio da ESCOSA

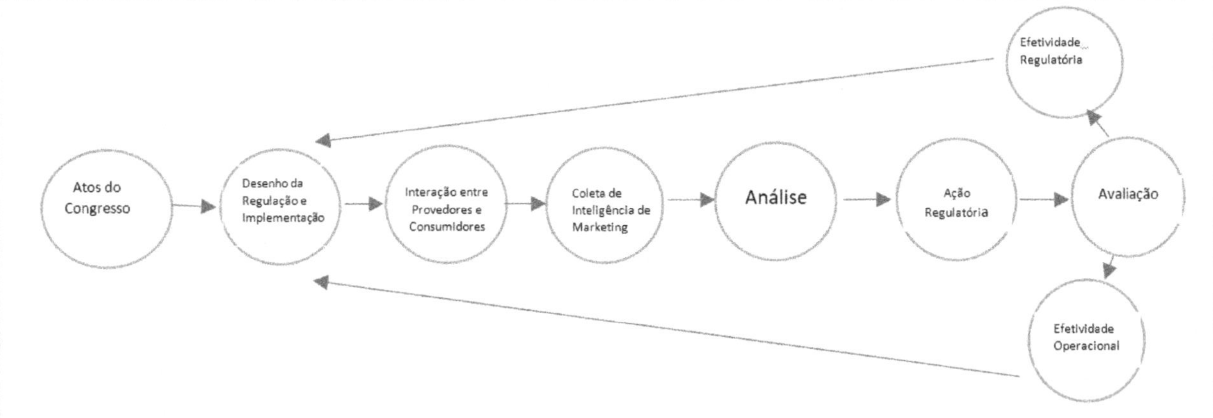

O objetivo de longo prazo da ESCOSA é "a proteção dos interesses de longo prazo dos consumidores da Austrália do Sul no que se refere ao preço, à qualidade e à confiabilidade de serviços essenciais". Levando em consideração essa ideia, o regulador elaborou sua declaração de propósito acrescentando "benefício de longo prazo à comunidade da Austrália do Sul ao alcançar seu objetivo por meio de decisões e regras regulatórias independentes, éticas e especializadas". Em seu documento estratégico, a ESCOSA vai além e define os valores que permitem a consecução de seu objetivo estatutário e, desse modo, guiam suas atividades regulatórias: responsividade, responsabilização (*accountability*), inovação e a construção de relacionamentos inclusivos.

Fonte: ESCOSA(2021[19]), *Strategy 2021-2024*, https://www.escosa.sa.gov.au/about-us/strategic-plans.

Quadro 3.5. Regulamento baseado na ética da Comissão da Indústria de Água da Escócia, Reino Unido

A Comissão da Indústria de Água da Escócia (WICS, sigla em inglês) está passando por um processo de revisão das cobranças pelo uso da água para o período 2021-2027. Ao fazer isso, ela trabalha em estreita colaboração com as partes interessadas do setor hídrico para colocar em prática os principais elementos de uma nova abordagem regulatória que se concentra em estabelecer os melhores resultados para clientes, comunidades e meio ambiente.

As partes interessadas, em particular, comprometeram-se a adotar os princípios da Regulação Ética dos Negócios (EBR), que exigem conversas abertas e sinceras sobre os desafios futuros para o setor hídrico da Escócia e a melhor forma de enfrentá-los. A transparência foi determinante em todas as interações entre regulador, prestadores de serviços e partes interessadas (incluindo o público e os consumidores).

Fonte: WICS (2020[20]), *Strategic Review of Charges*, https://www.watercommission.co.uk/UserFiles/Documents/VB2140%20WICS%20Methodology%20update_8.1.pdf;
WICS (2020[21]),*Strategic Review of Charges 2021-27 – Draft Determination*, https://www.watercommission.co.uk/UserFiles/Documents/Strategic%20Review%20of%20Charges%202021-27%20Draft%20Determination_1.pdf.

Uma série de soluções pode ser contemplada para lograr a supervisão regulatória na ausência de poder de coerção por parte da ANA:

- A ANA deve garantir que as regras de alocação de financiamento para as instituições infranacionais que não seguiram as normas de referência sejam cumpridas. Tais ações demonstram a robustez do marco legal e servem de exemplo de como a nova política deve ser seguida.
- Mesmo sem poderes coercitivos, um conjunto de "ferramentas leves" podem ser implementados pela ANA, tais como:
    - manter engajamento contínuo e significativo com as agências infranacionais
    - fortalecer e construir capacidades estatais nas agências reguladoras infranacionais de WSS
    - aumentar a transparência na tomada de decisões e no funcionamento dos WSS
    - estabelecer sistema robusto de coleta, análise e divulgação de dados.
- A ANA deve considerar o desenvolvimento de abordagens alternativas e guiadas pelas ciências comportamentais para o desenvolvimento da regulação, como a EBR, que implica colaboração e diálogo entre os atores do mercado, as partes interessadas e os servidores públicos, com base na ética compartilhada.

Garantindo o engajamento efetivo das partes interessadas

No processo de engajamento das partes, a ANA deve estar atenta a grupos que precisam de maior envolvimento. Além disso, deve atuar para definir o papel desses grupos, já que diversas categorias precisarão ser incluídas nesse processo. São elas:

- o governo, como o ator que define o marco legal e a estratégia nacional dos WSS
- operadores, agências infranacionais (incluindo os grupos de funcionários, como sindicatos) e prestadores de serviços
- consumidores, atuais e futuros, que a política nacional pretende afetar

Para o sucesso deste processo, como sugerido pelos normativos da OECD (OECD, 2020[22]), a ANA poderá ser impelida a ensinar às partes interessadas a cultura do engajamento. As partes interessadas precisam estar bem informadas sobre quando e por que teriam a oportunidade de influenciar o processo regulatório. Isso seria especialmente relevante para as instituições infranacionais menores que não passaram pelo processo de engajamento anteriormente ou para novos grupos de consumidores que foram criados no sistema novo.

Como recurso para engajamento das partes interessadas, a ANA deve desenvolver parcerias estratégicas como meio de compartilhar boas práticas, de modo a entender os problemas centrais enfrentados pelas instituições infranacionais e oferecer esclarecimento e orientação onde for mais necessário. Isso, por sua vez, pode ajudar na capacitação. Por meio da capacitação, a ANA pode também influenciar a relação com os consumidores finais ao empoderar prestadores de serviço para comunicarem-se melhor com os consumidores finais (consumidores atuais ou potenciais) (Figura 3.6). Observe-se que os consumidores (potenciais) não-atendidos, geralmente, não são ouvidos nos processos regulatórios locais, pois normalmente constituem as populações mais vulneráveis. A ANA pode fornecer incentivos que ajudem as instituições infranacionais a lidarem com os impactos de longo prazo das políticas atuais.

Figura 3.6. Triângulo das partes interessadas

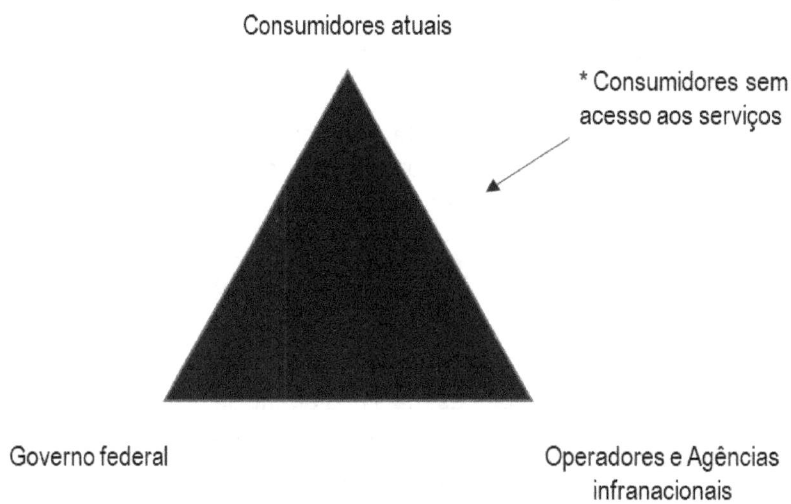

Fonte: OECD/ANA (2019-2021[5]),"Oficinas de Governança dos Recursos Hídricos".

Como característica particular da situação brasileira, a ANA também deve buscar repensar sua relação estratégica com sindicatos, associações, órgãos reguladores locais, empresas públicas, etc., enquanto atores importantes das instituições infranacionais. A resistência à mudança dos servidores que trabalham nas instituições infranacionais ou dos prestadores de serviços pode ser exacerbada por um contexto econômico mais amplo (como a atual crise do COVID-19) ou pelo medo de perder o emprego. Na Comissão da Indústria de Água da Escócia (ESCOSA), não raro os reguladores incluem uma gama de partes interessadas em sua estratégia formal de engajamento. A vantagem do envolvimento de uma ampla base de interessados não é apenas a melhora na compreensão e no cumprimento das regras e regulamentos, mas também o aumento da conscientização sobre as atividades do regulador e a maior aceitação do público. É claro que estabelecer um histórico de iniciativas bem-sucedidas é crucial para a criação de confiança entre os cidadãos.

Além disso, os WSS constituem setor intensivo em capital e monopolista, com significativas falhas de mercado. É importante, portanto, que a ANA garanta que as partes interessadas nesse sistema de governança multinível (incluindo outros reguladores federais, governos federal e local) sejam continuamente avaliadas sobre os desenvolvimentos regulatórios do setor. Isso significa que a estratégia de engajamento e de comunicação com as partes interessadas não é definida apenas para o curto prazo. Pelo contrário, é aconselhável que se construa e se mantenha um relacionamento de longo prazo e uma cultura de coordenação contínua, para que os objetivos estabelecidos na nova Lei de Saneamento sejam alcançados na próxima década.

Ademais, a realidade do novo marco é que as normas de referência desenvolvidas serão numerosas e complexas e deverão levar em consideração várias interdependências. A ANA terá um número elevado de instituições infranacionais cujos regulamentos precisarão ser revistos. Isso significa que a ANA ficará em desvantagem em termos de conhecimento e acesso à informação. Em vista disso, pode ser necessário considerar uma abordagem diferente para o engajamento das partes interessadas, semelhante aos pactos de alto nível com atores governamentais mencionados na seção "Obtendo clareza nos papéis", com a possibilidade de se criarem mecanismos similares aos dos prestadores de serviços. Esses mecanismos são como "contratos morais", uma espécie de compromisso entre o regulador e as entidades reguladas para que trabalhem juntas com espírito de confiança, cooperação e comunicação aberta - com o objetivo de fornecer serviços de qualidade aos consumidores e cumprir os objetivos acordados (ESCOSA, 2000[23]). Os benefícios de um pacto de alto nível com prestadores de serviço são: relacionamento menos conflitivo, uso dos recursos, planejamento e aumento de produtividade - que conduzem a melhor qualidade do serviço prestado. A ESCOSA utilizou pactos de alto nível com a indústria, que também foram acompanhados por procedimento de revisão conjunta – ou "exames de saúde". Esses exames podem vir na forma de questionário que avalie a robustez do relacionamento, seguido de uma discussão aberta em que os resultados são debatidos e possíveis soluções para os problemas identificados são apresentadas por ambas as partes.

Em suma, o envolvimento efetivo das partes interessadas dependerá de vários elementos-chave:

- Fortalecimento da estratégia de engajamento das partes interessadas, bem como o uso das orientações da OCDE para treinar as partes interessadas externas e construir expectativas quanto a questões compartilhadas.
- Reconsideração da relação da ANA com os grupos não habitualmente engajados (por exemplo, sindicatos ou consumidores não-atendidos) e aprofundamento dessas relações levando em consideração o contexto econômico atual e os desafios específicos que estes grupos poderão encontrar.
- Manutenção de diálogo contínuo com as partes interessadas, para que todos os atores-chave (incluindo governo federal, instituições infranacionais, grupos de consumidores e prestadores privados) possam avaliar o desenvolvimento do setor, em tempo real, de modo que não haja surpresas entre os atores.

Descentralizando para alcançar melhores resultados regulatórios

Uma oportunidade-chave oferecida pelo novo marco legal é a possibilidade de regionalização (que deve incluir, preferencialmente, pelo menos uma área metropolitana)[3]. Isso permite que as mudanças sejam executadas em nível mais elevado, uma vez que as autoridades infranacionais estarão encarregadas de desenvolver iniciativas e de buscar investimento em nível regional, em vez de municipal, diferentemente do que acontecia antes do novo marco legal[4]. A regionalização visa a servir a um duplo papel: (1) redistribuição de fundos de áreas ricas para áreas pobres; e (2) promoção de economias de escala por meio da implementação de grandes projetos. De acordo com a nova Lei do Saneamento, compete à ANA promover a regionalização na prestação de serviços[5], por meio do desenvolvimento das normas de referência e das regulamentações.

Há um entendimento de que a regionalização ainda não está determinada, mas ela levará em consideração questões geográficas e de bacias hidrográficas e não apenas os limites políticos regionais. No Brasil, o processo de regionalização é importante para a implementação da nova política de WSS, porque permite que o modelo regulatório seja considerado no contexto local e, assim, se concentre nas necessidades específicas de cada região. O caso brasileiro é muito semelhante ao da Itália, onde a regionalização foi implementada para WSS desde 1995 (Quadro 3.6).

Quadro 3.6. Regionalização na Itália: Estudo de caso da ARERA na agregação territorial por áreas de captação uniformes

Na Itália, o regulador de energia, redes e meio ambiente, a ARERA, é a autoridade independente que, desde 1996, define tarifas e padrões de qualidade dos serviços. A ARERA também monitora e fiscaliza o cumprimento dos padrões por meio de multas e recompensas, dentro do marco legal ambiental do país. As competências regulatórias foram projetadas inicialmente para quebrar o monopólio dos serviços de gás e de transmissão e distribuição de energia elétrica. Também foram impulsionadas pela liberalização do setor de energia e pela legislação da União Europeia para fortalecer o mercado interno de energia. Essas competências foram ampliadas por lei, em 2012, para incluir também os serviços de água e esgoto, a fim de melhor implementar as políticas nacionais de água estabelecidas pelo governo italiano.

Em termos de governança dos recursos hídricos, a Itália introduziu, em 1994, o conceito de Âmbito Territorial Ótimo (*Ambiti Territoriali Ottimali*, ATO). Estas são as únicas áreas de captação definidas dentro de cada uma das 20 regiões italianas. Cada ATO é governado por um conjunto de representantes dos municípios da sua jurisdição, que toma decisões fundamentais para a governança do setor, tais como:

- definição de critérios de seleção dos prestadores de serviços, de acordo com as leis da UE (concorrência de mercado)
- coordenação com os prestadores de serviço para coletar e validar os dados necessários para a definição das tarifas locais, de acordo com a metodologia definida por ARERA em nível nacional
- definição dos objetivos a serem alcançados e elaboração dos planos de negócio, que precisam ser aprovados pela ARERA
- acompanhamento da efetiva aplicação do investimento planejado.

A redução progressiva do número de ATOs nos últimos anos, aliada aos efeitos da regulação da ARERA, reduziu a extrema fragmentação dos serviços de água. Consequentemente, o número de operadoras diminuiu de mais de 8.000, no final da década de 1990, para menos de 2.100, hoje.

Mais especificamente, a regulação da ARERA promoveu:

- integração horizontal, por meio da criação de incentivos econômicos para a fusão dos operadores dentro de cada ATO, promovendo, assim, economias de escala
- integração vertical dos diferentes serviços de água (água potável, saneamento e tratamento de esgoto) em um único serviço integrado de água, para a obtenção de economias de escopo.

Figura 3.7. Governança multinível dos Recursos Hídricos na Itália

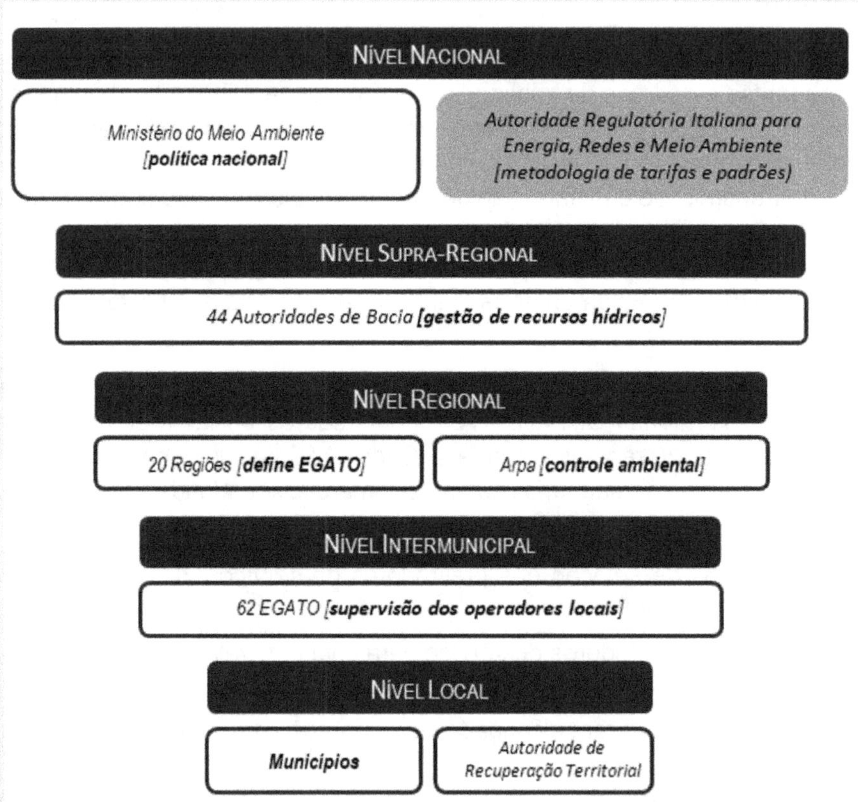

As regiões decidem quais municípios são agregados em um ATO, sem participação do governo ou do regulador nacional. A Entidade Gestora do ATO decide se o prestador de serviços deve ser selecionado por licitação (como prestador totalmente privado), ou mediante escolha interna (prestador totalmente público), ou por parceria público-privada (com o parceiro privado selecionado por licitação). As tarifas locais são aprovadas pela ARERA após verificação da conformidade com a metodologia tarifária nacional, também definida pela ARERA.

Fonte: OECD/ANA(2019-21[5]),"Water Governance Workshops"; Official Gazette of the Italian Republic (1994[24]),*Law n. 36/1994 (Galli Law)*, https://www.gazzettaufficiale.it/eli/id/1994/01/19/094G0049/sg.

Em suma, para atingir os objetivos de regionalização da nova lei:

- A ANA deve trabalhar com outras instituições federais relevantes para a definição e a execução dos objetivos de regionalização presentes na nova Lei do Saneamento, uma vez que a ANA terá uma visão privilegiada do *status quo* dos WSS e das oportunidades emergentes.
- A ANA deve conceber e promover políticas que incentivem as autoridades infranacionais a desenvolver projetos de investimento numa perspectiva regional e não local. Deve-se dar especial atenção à profissionalização dos reguladores e dos operadores.

Planejando a infraestrutura e envolvendo o setor privado em serviços de abastecimento de água e esgotamento sanitário (WSS)

A pesquisa da OCDE mostra que a regulação desempenha um papel importante no investimento por seus efeitos na definição do retorno do capital, bem como na garantia de uso eficiente e expansão da infraestrutura mediante a fixação dos preços (Cette, Lecat and Ly-Marin, 2017[25]) (OECD, 2017[26]). As barreiras à entrada influenciam negativamente o investimento, porém, quando combinadas com a regulação baseada em incentivos, a independência regulatória impulsiona investimentos.

Além disso, a pesquisa sobre Governança dos Reguladores de Recursos Hídricos (Figura 3.8) mostra que o investimento crescente é parte fundamental das funções regulatórias dos reguladores de água. Isso está de acordo com o mandato recém conferido à ANA.

Figura 3.8. Funções regulatórias centrais realizadas por reguladores de recursos hídricos

Número dos reguladores/ 34

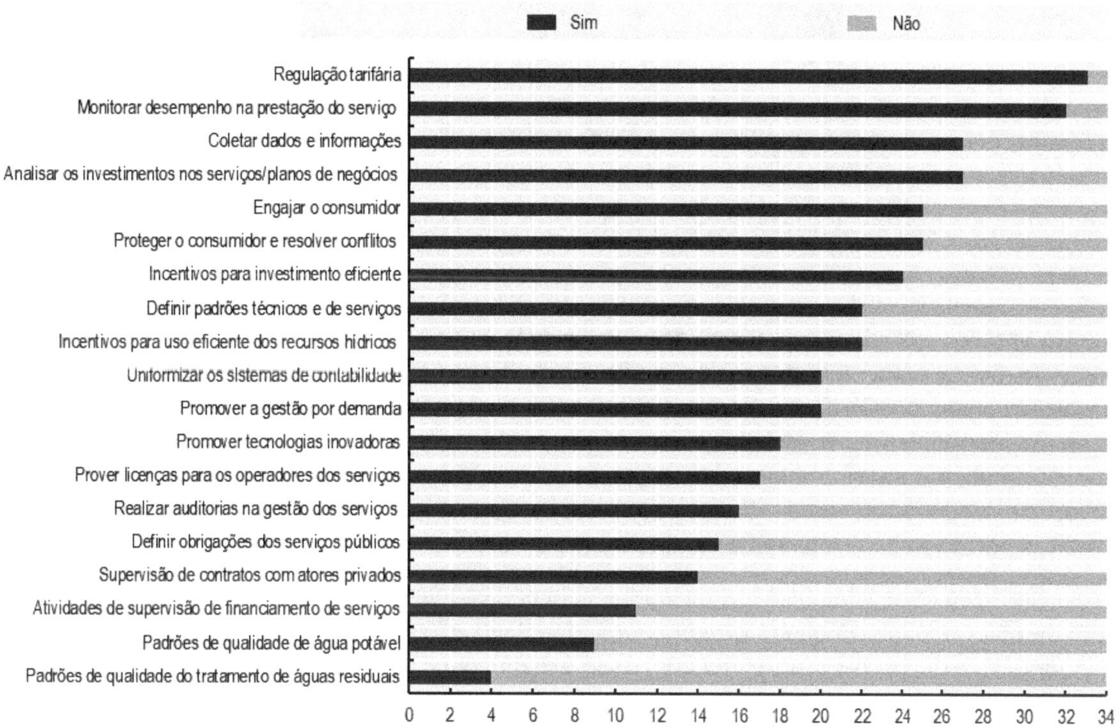

Obs.: Com base no relatório da OCDE sobre a Governança dos Reguladores de Recursos Hídricos (2014).
Fonte: OECD(2015[14]), *The Governance of Water Regulators*, https://doi.org/10.1787/9789264231092-en.

A recomendação contida na publicação Governança da Infraestrutura (OECD, 2020[27]), adotada pelo Conselho da OCDE em julho de 2020, fornece aos países orientações práticas para processos de tomada de decisão eficientes, transparentes e responsivos no investimento em infraestrutura. Isso se traduz em 10 recomendações específicas que são interdependentes (Figura 3.9). As recomendações podem ser adaptadas ao contexto brasileiro, pois favorecem a abordagem global de governo e compreendem todo o ciclo de vida dos projetos de infraestrutura, com ênfase especial em considerações regionais, sociais, de gênero e ambientais. Uma característica fundamental é a promoção de uma rede regulatória coerente, previsível e eficiente.

Figura 3.9. Recomendações da OCDE para a Governança em Infraestrutura

Source: OECD (2020[27]), *Recommendation of the Council on the Governance of Infrastructure*, https://legalinstruments.oecd.org/en/instruments/OECD-LEGAL-0460.

O governo brasileiro estabeleceu metas de investimento para os WSS por meio do Plano Nacional de Saneamento. No entanto, além das restrições fiscais de longa data, há o desafio adicional recém-surgido decorrente da crise do COVID-19. Consequentemente, o investimento e a entrega de infraestrutura são ferramentas importantes para os esforços de recuperação econômica e social, no contexto econômico previsto. Na prática e em harmonia com os objetivos da política nacional de WSS, a ANA precisa criar incentivos de longo prazo para atrair investidores privados estrangeiros e, em alguns casos, para incentivar as companhias existentes a continuarem a prestar os serviços atuais.

Além das diretrizes fornecidas pelo marco legal e pela prática internacional, o Brasil já tem experiência na abertura de setores públicos a investimentos privados. Isso aconteceu no setor elétrico, nos anos 1990, e a ANA deve se esforçar para aprender com essa experiência (por exemplo: por meio de pesquisa sobre a política e os contratos de privatização e de compartilhamento de conhecimento pelo regulador do setor, a Agência Nacional de Energia Elétrica). Há espaço para a criação de foros de "fertilização cruzada" entre os reguladores de setores brasileiros, suas experiências e os papéis desempenhados na implementação de grandes reformas, com metas de políticas ambiciosas.

Quadro 3.7. Lições sobre o aumento de investimento privado no setor do ponto de vista do regulador italiano, ARERA

O envolvimento privado em WSS na Itália tem sido um tema controverso devido à percepção do público de que a água é um bem público. Isso se concretizou em 2011 por meio de um referendo nacional que acabou com a obrigatoriedade de licitação para concessão de serviços de água e extinguiu a exigência explícita de que as empresas recebam uma taxa de retorno justa quando as tarifas de água forem definidas. Neste contexto, o papel do regulador nacional, a ARERA, tornou-se fundamental no incentivo aos investimentos em infraestruturas hídricas.

Atualmente, a ARERA tem três funções principais que lhe permitem influenciar o investimento por meio de sua abordagem regulatória:

1. A ARERA tem competência para aprovar os planos econômico-financeiros dos operadores (recebidos por meio da entidade gestora dos ATOs) e solicitar alterações em caso de descumprimento da metodologia tarifária. A ARERA também pode impor sanções nos casos em que os dados não sejam recebidos ou corretamente modificados, o que aumenta a qualidade da informação fornecida ao regulador e promove a estabilidade no setor de água.
2. Por meio de uma metodologia de definição tarifária única e nacional (com variações que levam em consideração a diversidade econômica e financeira das regiões italianas), a ARERA promove o planejamento eficiente da infraestrutura e da gestão, resultando em efeitos positivos no desenvolvimento do investimento e no valor da infraestrutura.
3. As regras da ARERA são definidas a cada quatro anos, com atualizações a cada dois anos. Isso produz confiança e estabilidade para o setor, elementos fundamentais para atração de investimento. Tudo é feito com base nos custos observados e medidos – e não como consequência de interferência política – o que também diminui os riscos de revisão dos processos regulatórios e aumenta a capacidade de programar investimentos futuros.

Como resultado da abordagem regulatória da ARERA, o nível de investimento na Itália aumentou de maneira constante: investimentos realizados atingiram € 38,7/habitante em 2017, com um aumento total de 24% de 2012 a 2018. No período 2018-2019, os investimentos realizados alcançaram € 44.6/habitante.

Entre 2016 e 2019, os gastos com investimento, incluindo a disponibilidade de fundos públicos, montaram a € 11,9 bilhões (€ 2,2 bilhões, em 2016; € 2,8 bilhões, em 2017; € 3,5 bilhões, em 2018 e € 3,4, bilhões em 2019).

Fonte: OECD/ANA(2019-21[5]),"Oficinas de Governança dos Recursos Hídricos"; Official Gazette of the Italian Republic(2017[28]), *Law n.205/17*, https://www.gazzettaufficiale.it/eli/id/2017/12/29/17G00222/sg; ARERA (2019[29]), *Annual Report*, https://www.arera.it/it/inglese/annual_report/relaz_annuale.htm#.

O planejamento do investimento em infraestrutura dependerá de diversos elementos-chave:

- A responsabilidade-chave da ANA na criação das normas de referência deve levar em consideração as políticas que incentivem as instituições infranacionais a buscarem investimentos privados. Nesse processo, a ANA pode aprender com outras agências, como o regulador de energia elétrica.
- No contexto da ANA e da nova Lei do Saneamento, as recomendações da OCDE contidas na publicação Governança da Infraestrutura podem ser aplicadas com os seguintes elementos:
  - Identificar objetivos de políticas públicas, avaliar se a regulação é necessária e como as metas podem ser alcançadas de maneira mais eficaz e eficiente;

- considerar outros meios que não somente a regulação e comparar as diferentes abordagens para identificar a melhor;
- apoiar a coordenação entre os marcos regulatórios supranacionais, nacionais e infranacionais;
- fornecer ferramentas baseadas em evidência para decisões regulatórias, incluindo avaliação do engajamento das partes interessadas, avaliações de impacto econômico, fiscal, social e ambiental, auditoria e avaliação ex-post;
- realizar revisões sistemáticas da regulação existente relevante para a infraestrutura, incluindo considerações de custos e benefícios, de modo a garantir que as regulações estejam atualizadas, justifiquem os custos, sejam efetivas, consistentes e que satisfaçam os objetivos das políticas públicas almejados;
- promover boa governança das agências regulatórias a fim assegurar o ajuste sustentável da tarifa, a qualidade regulatória, a confiança do mercado e contribuir para a consecução dos objetivos da política pública (por exemplo, independência; transparência; responsabilização; espaço de atuação; fiscalização; capacitação e pesquisa).

Compreendendo o ponto de vista dos financiadores

Além de compreender as necessidades de investimento de regiões específicas, a ANA e outros atores relevantes no setor de serviços de abastecimento de água e esgotamento sanitário (incluindo o governo) precisam entender quais são as necessidades específicas dos investidores privados e dos financiadores. Esse entendimento precisa ser levado em consideração no processo de criação da estrutura regulatória que visa a aumentar incentivos para o investimento privado. Deve-se, por exemplo, levar em consideração as seguintes questões-chave: financiamento de contratos, incentivos aos operadores e às instituições infranacionais para cumprirem os termos do contrato no longo prazo (30 anos ou mais) e a disponibilidade de produtos financeiros adequados.

Além disso, conforme mencionado na subseção "Planejando a infraestrutura e envolvendo o setor privado em serviços de abastecimento de água e esgotamento sanitário (WSS)", as normas de referência e a regulação da ANA precisam influenciar os operadores a buscarem financiamento privado e não apenas a procurarem fontes de financiamento estatal, bem como devem ter em conta a cobertura dos custos de longo prazo e a eficiência crescente do investimento.

A estabilidade regulatória é um resultado previsto com base na edição de normas de referência pela ANA e na harmonização da regulação entre as instituições infranacionais. Essa é uma característica-chave a que os investidores privados aspiram. Consequentemente, para que a política referente a WSS alcance seu objetivo de aumentar o acesso ao investimento privado no setor, há que se ter o compromisso de manter marcos harmonizados e aplicá-los aos novos contratos. Caso contrário, corre-se o risco de os investidores perderem a confiança no novo marco e o capital privado não ser investido.

Aceitação pública da participação do setor privado

A aceitação pública do envolvimento privado no setor de WSS pode apresentar duas questões. Por um lado, como destacado por um dos peritos internacionais, uma característica da situação atual é que a política local está envolvida na operação e na provisão de WSS nos municípios. Mudar essa situação pode ser difícil. A ANA deve trabalhar com as instituições locais para destacar os benefícios decorrentes dos investimentos e do envolvimento do setor privado para os consumidores. Como o professor Berg observou durante a oficina de 19 a 22 de outubro, os cidadãos "precisam estar confiantes de que o sistema funciona para eles".

Por outro lado, há o risco de que haja uma aversão cultural inicial por parte dos consumidores a qualquer aumento de gestão privada dos serviços de água, oriunda do entendimento de que os recursos hídricos são um bem público. A aceitação pública da participação do setor privado é importante porque a percepção dos cidadãos é fundamental para a responsabilização da regulação. A ANA pode voltar-se para algumas soluções possíveis. Por exemplo, um regulador econômico dedicado a garantir o interesse público, tal como o Ofwat, na Inglaterra e no País de Gales (Reino Unido), pode conseguir a confiança pública com o setor completamente privatizado. A ANA pode posicionar-se como uma espécie de garantidora. Outra opção seria a manutenção da confiança pública por meio da gestão transparente, com participação das partes interessadas e uma liderança clara que tome decisões estratégicas (por exemplo, assegurando a participação do público no controle da instituição encarregada do setor, inclusive em parcerias público-privadas). Finalmente, aprendendo a partir do exemplo da Comissão da Indústria da Água da Escócia (WICS), uma abordagem colaborativa com o público que se pode lograr por meio de processos de consulta pública, colocando os consumidores e as comunidades no centro do processo (isso pode ser feito por meio de painéis de consulta ao consumidor, foros do consumidor, etc.).

Os seguintes elementos devem ser considerados:

- Diálogo entre as partes interessadas, especialmente com os fornecedores de financiamento privado, faz-se necessário para entender os desafios que a estrutura atual apresenta aos investidores. Isso lançaria luz sobre a adequação da estrutura financeira aos propósitos e às necessidades do investimento em WSS e poderia indicar outras áreas nas quais o governo federal precisaria focar.
- A harmonização e a estabilidade do marco regulatório e contratual do saneamento, trazido pelas normas de referência da ANA, serão fundamentais para atrair novos investimentos.
- A aceitação do investimento privado em saneamento será percebida tanto em nível da prestação de serviço quanto para os consumidores finais. A ANA deve trabalhar para aumentar a conscientização das partes interessadas sobre os benefícios de curto e longo prazos do investimento privado.

References

ANA (2021), *Homepage*, Agência Nacional de Águas, https://www.ana.gov.br/eng/ (accessed on 2021 November 20). [2]

ANA (2020), *Agenda regulatória 2020-2021-2022*. [12]

ARERA (2019), *Annual Report*, https://www.arera.it/it/inglese/annual_report/relaz_annuale.htm#. [29]

Cette, G., R. Lecat and C. Ly-Marin (2017), "Long-term growth and productivity projections in advanced countries", *OECD Journal: Economic Studies*, Vol. 2016/1, https://dx.doi.org/10.1787/eco_studies-2016-5jg1g6g5hwzs. [25]

EC (2020), *EU Water Legislation - Fitness Check*, European Commission, https://ec.europa.eu/environment/water/fitness_check_of_the_eu_water_legislation/index_en.htm. [17]

ESCOSA (2021), *Strategy 2021-2024*, Essential Services Commission of South Australia, https://www.escosa.sa.gov.au/about-us/strategic-plans. [19]

ESCOSA (2020), *Regulators Working Group*, Essential Services Commission of South Australia, https://www.escosa.sa.gov.au/industry/water/retail-pricing/sa-water-regulatory-determination-2020/regulators-working-group. [6]

ESCOSA (2000), *Speech by Lewis W. Owens at the SA Power Briefing*, Essential Services Commission of South Australia. [23]

Government of Brazil (2018), *Diário Oficial da União - Portaria nº 193, de 3 de Julho de 2018*, http://www.in.gov.br/materia/-/asset_publisher/Kujrw0TZC2Mb/content/id/28503558/do1-2018-07-04-portaria-n-193-de-3-de-julho-de-2018-28503542 (accessed on 17 June 2020). [13]

Hodges, S. (2017), *Ethical Business Practice and Regulation*, Hart Publishing. [18]

OECD (2020), *OECD Recommendation on the Governance of Infrastructure*, OECD, Paris, http://www.oecd.org/gov/infrastructure-governance/recommendation/. [30]

OECD (2020), "Public consultation on the draft OECD Best Practice Principles on Stakeholder Engagement in Regulatory Policy", OECD, Paris, https://www.oecd.org/gov/regulatory-policy/public-consultation-best-practice-principles-on-stakeholder-engagement.htm. [22]

OECD (2020), *Recommendation of the Council on the Governance of Infrastructure*, https://legalinstruments.oecd.org/en/instruments/OECD-LEGAL-0460. [27]

OECD (2018), *OECD 2018 Database on the Governance of Sector Regulators*, OECD, Paris, http://www.oecd.org/regreform/regulatory-databases-and-indicators.htm. [8]

OECD (2018), *OECD Regulatory Enforcement and Inspections Toolkit*, OECD Publishing, Paris, https://dx.doi.org/10.1787/9789264303959-en. [15]

OECD (2018), *The Governance of Regulators*, OECD, Paris, https://www.oecd.org/gov/regulatory-policy/governance-of-regulators.htm. [31]

OECD (2017), *OECD Journal: Economic Studies*, OECD Publishing, OECD, https://www.oecd-ilibrary.org/economics/oecd-journal-economic-studies_19952856. [26]

OECD (2017), *Report on the Governance of Drinking Water and Sanitation Infrastructure in Brazil*, https://www.ana.gov.br/todos-os-documentos-do-portal/documentos-sas/arquivos-cobranca/documentos-relacionados-saneamento/governance-of-ws-infrastructure-in-brazil_final.pdf. [11]

OECD (2015), *OECD Principles on Water Governance*, OECD, Paris, https://www.oecd.org/cfe/regionaldevelopment/OECD-Principles-on-Water-Governance-en.pdf. [10]

OECD (2015), *The Governance of Water Regulators*, OECD Studies on Water, OECD Publishing, Paris, https://dx.doi.org/10.1787/9789264231092-en. [14]

OECD (2015), *Water Resources Governance in Brazil*, OECD Studies on Water, OECD Publishing, Paris, https://dx.doi.org/10.1787/9789264238121-en. [4]

OECD (2014), *The Governance of Regulators*, OECD Best Practice Principles for Regulatory Policy, OECD Publishing, Paris, https://dx.doi.org/10.1787/9789264209015-en. [7]

OECD (2012), *Recommendation of the Council on Regulatory Policy and Governance*, OECD Publishing, Paris, https://dx.doi.org/10.1787/9789264209022-en. [16]

OECD/ANA (2019-21), "Water Governance Workshops". [5]

Official Gazette of the Italian Republic (2017), *Law n.205/17*, https://www.gazzettaufficiale.it/eli/id/2017/12/29/17G00222/sg. [28]

Official Gazette of the Italian Republic (1994), *Law n. 36/1994*, https://www.gazzettaufficiale.it/eli/id/1994/01/19/094G0049/sg. [24]

Official Journal of the Union (2020), *Law 14.026 of 15 July 2020*, https://www.in.gov.br/en/web/dou/-/lei-n-14.026-de-15-de-julho-de-2020-267035421. [1]

SNIS (2018), *The National Sanitation Information System*, Sistema Nacional de Informações sobre Saneamento, http://www.snis.gov.br/painel-informacoes-saneamento-brasil/web/painel-setor-saneamento. [3]

WAREG (2021), *Water Regulatory Governance across Europe*, https://www.wareg.org/documents/water-regulatory-governance-around-europe/ (accessed on 5 January 2022). [9]

WICS (2020), *Strategic Review of Charges*, https://wics.scot/publications/price-setting/strategic-review-charges-2021-27/approach/2021-27-methodology-refinements. [20]

WICS (2020), *Strategic Review of Charges 2021-27 – Draft Determination*, https://wics.scot/publications/price-setting/strategic-review-charges-2021-27/determinations/2021-27-draft-determination. [21]

Anexo 3.A. Plano de ação

As tabelas resumem as principais ações apresentadas no Capítulo 3.

Tabela do anexo 3.A.1. Tornando mais eficaz a regulação de água e saneamento no Brasil

Obter clareza nos papéis	Liderança clara do Ministério do Desenvolvimento Regional e das ações do Ministério da Economia, da ANA, de autoridades infranacionais, de prestadores de serviço, de atores da sociedade civil e de consumidores. O sucesso da implementação da reforma depende do esforço coletivo de todos os atores e da clareza do papel de cada entidade.
	As partes interessadas deverão determinar *ex-ante* a sua "definição de sucesso". Isso deve incluir, de maneira realista, objetivos de curto e longo prazo e marcos a serem alcançados para as partes interessadas, bem como áreas de convergência para coordenação entre as partes.
	A ANA deve aproveitar a experiência do passado, por ocasião do acordo de gestão da água (2015), para cimentar a base do marco regulatório do saneamento básico, em sincronia com os objetivos dos atores envolvidos no contexto da nova Lei do Saneamento.
Coordenar efetivamente	A ANA precisa se envolver com as autoridades infranacionais de forma eficaz, para que todas as partes tenham pleno entendimento da lei e do novo regime. Para isso, os Princípios da OCDE sobre Governança dos Recursos Hídricos, aplicados ao contexto brasileiro, devem ser considerados. Deve haver coordenação horizontal em nível federal, de modo que os vários programas de concessão de financiamento estejam alinhados. Há necessidade de consolidação nas abordagens entre as autoridades federais e necessidade de harmonização das práticas de controle de qualidade.
	A ANA pode facilitar o diálogo com outras autoridades estatais, incluindo os reguladores infranacionais, para que as responsabilidades de cada ente sejam compreendidas. Além de aumentar a conscientização, os atores do setor precisam estar comprometidos com a implementação do novo marco legal.
Definir um período de transição adequado e gerenciar as expectativas da ANA	A ANA deve avaliar o status quo das instituições infranacionais, bem como realizar uma análise dos padrões e dos procedimentos atuais praticados por algumas destas instituições infranacionais.
	A ANA deve ter uma postura clara na gestão das expectativas de curto prazo em relação ao que pode ser entregue aos consumidores e ao setor nos próximos dois anos, bem como a forma como a prestação dos serviços e as questões contratuais serão tratadas, até que as normas de referência estejam desenvolvidas e implementadas.
Construir capacidade estatais e técnicas adequadas	É aconselhável que a ANA não se concentre apenas na substância da reforma regulatória, mas também na gestão interna dos recursos que lhe possibilite a entrega de alguns "sucessos rápidos". Por exemplo, a ANA precisará repensar seu conjunto de habilidades e adicionar mais especialistas jurídicos, econômicos e analistas de dados à base de funcionários que se concentra em engenheiros.
	A ANA deve estar atenta aos recursos financeiros adicionais necessários para cumprir o mandato conferido pela nova Lei de Saneamento, bem como considerar como o aumento do orçamento será financiado e como isso pode afetar sua independência no longo prazo.
Alcançar supervisão e fiscalização eficazes	A ANA deve garantir o cumprimento das regras sobre alocação de recursos para as instituições que não seguir as normas de referência. Isso demonstra a robustez do marco e define o tom de como a nova política deve ser seguida.
	Mesmo sem poderes coercitivos, um conjunto de medidas brandas (soft tools) pode ser implementado pela ANA, tais como: • Manter engajamento contínuo e significativo com as agências infranacionais. • Fortalecer e construir capacidades estatais nas agências reguladoras infranacionais dos serviços de abastecimento de água e esgotamento sanitário (WSS, sigla em inglês). • Aumentar a transparência na tomada de decisões e no funcionamento dos WSS. • Coleta de dados e sua transmissão à ANA.
	A ANA deve considerar o desenvolvimento de alternativas para o desenvolvimento da regulação, por exemplo, a abordagem comportamental, como a Regulação Ética dos Negócios (EBR, sigla em inglês), que implica ação colaborativa e diálogo entre os atores do mercado, as partes interessadas e servidores públicos, com base em uma na ética compartilhada.
Assegurar o engajamento efetivo das partes interessadas	Fortalecer na ANA a estratégia de engajamento das partes interessadas, bem como usar as orientações da OCDE para ensinar e construir expectativas com atores externos nas questões que serão submetidas a consultas.
	Repensar a relação da ANA com os grupos não habitualmente engajados (por exemplo, sindicatos ou consumidores não atendidos) e construir essas relações levando em consideração o contexto econômico e os desafios específicos que estes grupos poderão encontrar.
	Manter diálogo contínuo com as partes interessadas relevantes, para que todos os atores-chave (governo federal, instituições infranacionais, grupos de consumidores e prestadores privados) possam avaliar o desenvolvimento do

	setor, à medida que for acontecendo, de modo que não haja surpresas entre os atores do setor.
Decentralizar para alcançar melhores resultados regulatórios	A ANA deve trabalhar com outras instituições federais relevantes para a definição e a execução dos objetivos da regionalização presentes na nova Lei do Saneamento, uma vez que terá visão privilegiada ("uma visão de helicóptero") do status quo dos WSS.
	A ANA deve conceber e promover políticas que incentivem as instituições infranacionais a desenvolverem projetos de investimento numa perspectiva regional e não local.
Planejamento da infraestrutura e participação de setor privado nos WSS	A responsabilidade-chave da ANA na criação das normas de referência deve levar em consideração as políticas que incentivem as instituições infranacionais a procurarem investimentos privados. Nesse processo, a ANA pode aprender com outras Agências, como a ANEEL (reguladora de energia elétrica).
	No contexto da ANA e da nova Lei do Saneamento, as recomendações do OCDE contidas na publicação Governança da Infraestrutura podem ser aplicadas com os seguintes elementos: a) identificar objetivos de políticas públicas e avaliar se a regulação é necessária e como pode-se alcançar as metas de maneira mais eficaz e eficiente. b) considerar outros meios que não o da regulação e comparar as diferentes abordagens para identificar o melhor deles c) apoiar a coordenação entre os marcos regulatórios supranacionais, nacionais e infranacionais d) fornecer ferramentas baseadas em evidência para decisões regulatórias, incluindo avaliação do engajamento das partes interessadas, avaliações de impacto econômico, fiscal, social e ambiental, auditoria e avaliação ex-post e) realizar revisões sistemáticas da regulação existente relevante para a infraestrutura, incluindo considerações de custos e benefícios, de modo a garantir que as regulamentações estejam atualizadas, justifiquem os custos, sejam efetivas e consistentes e que satisfaçam os objetivos de políticas públicas almejados. f) promover boa governança das agências regulatórias a fim assegurar o ajuste sustentável da tarifa, a qualidade regulatória, a confiança do mercado e contribuir para a consecução dos objetivos da política pública (por exemplo , independência; transparência; responsabilização; espaço de atuação; fiscalização; capacitação e pesquisa).

Notas

[1] De acordo com a legislação nacional, o saneamento básico no Brasil constitui os serviços de i) abastecimento de água potável, ii) esgotamento sanitário, iii) limpeza urbana e manejo de resíduos sólidos e iv) drenagem e manejo de águas pluviais. Neste Relatório, quando se usar o termo WSS (Water and Sanitation Services) estar-se-á referindo tão somente aos dois primeiros componentes, ou seja, abastecimento de água e esgotamento sanitário.

[2] Lei 14.026 de 15 de julho de 2020, Artigo 11-B

[3] Lei 14.026, de 15 de julho de 2020, Art. 8, §2º: "Para os fins desta Lei, as unidades regionais de saneamento básico devem apresentar sustentabilidade econômico-financeira e contemplar, preferencialmente, pelo menos 1 (uma) região metropolitana, facultada a sua integração por titulares dos serviços de saneamento."

[4] Lei 14.026 de 15 de julho de 2020, Art. 13

[5] Lei 14.026, de 15 de julho de 2020, Art 4-A, §3º, inciso V

Anexo A. Lista de atores consultados durante o diálogo político

INSTITUIÇÃO	NOME
ABCON - Associação Brasileira das Concessionárias Privadas de Serviços Públicos de Água e Esgoto	Percy Soares Neto
ABDIB – Associação Brasileira da Infraestrutura e Indústrias de Base	Venilton Tadini
ABES – Associação Brasileira de Engenharia Sanitária e Ambiental	Alceu Guérios Bittencourt
ABRHidro - Associação Brasileira de Recursos Hídricos	Synara Aparecida Olendzki Broch
AESA – Agência Executiva de Águas do Estado da Paraíba	Ana Emília Duarte Paiva Bianca Azevedo Joacy Mendes João Pedro Chaves Da Silva Lovania Maria Werlang Magda Dayse Ferreira Rangel Marie Eugénie Malzac Porfírio Catão Cartaxo Loureiro
AESBE – Associação Brasileira das Empresas Estaduais de Saneamento	Antônio Costa Lima Júnior
ADASA - Agência Reguladora de Águas, Energia e Saneamento do Distrito Federal	Jorge Enoch Furquim Werneck Lima
Agence de l'eau Adour-Garonne	Sandrine Dupuis
AGER - Agência Reguladora de SINOP	Rayla Rocha
AGESAN RS - Agência Reguladora Intermunicipal de Saneamento do Rio Grande do Sul	Daniela Rocke
ARES PCJ - Agência Reguladora PCJ	Dalto Favero Brochi
ARIS SC- Agência Reguladora Intermunicipal de Saneamento de Santa Catarina	Adir Faccio
TWRA - Aliança Tropical das Águas na Paraíba	José Etham
ANA - Agência Nacional de Águas e Saneamento Básico	Alan Vaz Lopes Alexandre Anderáos Ana Carolina De Macedo Braz Ana Cristina Santos Strava Correa Ana Lucia Lima Barros Dolabela Ana Paula Fioreze André Cesar Moura Onzi Andre Raymundo Pante Beatrice Kassar Do Valle Bolivar Antunes Matos Bruno Collischon Carlos Motta Carlos Perdigão Christianne Dias Ferreira Cintia Leal Marinho De Araujo Chagas Cláudia Montenegro Silva Claudia Fernanda Das Neves Oliveira Claudio Ritti Itaborahy

Cristianny Villela Teixeira
Cristiano Caria Guimaraes Pereira
Edgar Gaya Banks Machado
Eliana Adjuto Botelho
Elizabeth Siqueira Juliatto
Eurides De Oliveira
Fabricio Vieira
Fernanda Abreu Oliveira De Souza
Flavia Carneiro Da Cunha Oliveira
Flavia Gomes Barros
Flávio Tröguer
Flávio José D'castro Filho
Gonzalo Vazquez Fernandez
Grace Benfica Matos
Humberto Cardoso Gonçalves
Iracema Aparecida Siqueira Freitas
João Augusto De Pessoa
Joaquim Guedes Correa Godim Filho
Jonilton Lima Torres
José Luiz Gomes Zoby
Leandro Mendes Da Silva
Leonardo de Almeira
Luciana Sarmento
Luis André Muniz
Luiz Henrique Amorim Moura
Marcelo Costa
Marcelo Mazzola
Marcelo Pires Da Costa
Marcelo Jorge Medeiros
Marco Antônio Mota Amorim
Marco Antônio Silva
Marcos Airton De Sousa Freitas
Maria Elisa Leite
Mariana Schneider
Michael Douglas Sanches
Nádia Eleutério De Souza Menegaz
Nazareno Marques De Araujo
Oscar De Moraes Cordeiro Netto
Osman Fernandes Da Silva
Patrick Thadeu Thomas
Paulo Augusto Cunha Libanio
Paulo Henrique Monteiro Daroz
Raylton Alves
Renata Lúcia Medeiros De Albuquerque
Ricardo Andrade
Ricardo Brasil Choueri
Rodrigo De Almeida
Rodrigo Flecha
Rogerio De Abreu Menescal
Rosana Mendes Evangelista
Sergio Ricardo Toledo Salgado
Sérgio Barbosa
Sérgio Rodrigues Ayrimoraes Soares
Taciana Neto Leme
Tânia Regina Dias Da Silva
Tauana Monteiro Guedes Do Santos
Thamiris De Oliveiras Lima
Thiago Gil Barreto Barros
Tibério Magalhães Pinheiro
Tomé Farias Siqueira Leitão

	Victor Eduardo De Almeida Saback Volney Zanardi Junior Wesley Gabrieli De Souza
APAC - Agência Pernambucana de Águas e Clima	Clenio De Oliveira Torres Filho Crystianne Rosal Erik Cavalcanti E Silva Hélvio Ferreira Maria Lorenzza Pinheiro Leite Renata Pinheiro Robertson Valério De Paiva Fontes Suzana Maria Gico Lima Montenegro Tadeu Montenegro De Miranda Henriques
ARCE - Agência Reguladora de Serviços Públicos Delegados do Estado do Ceará	Alceu Galvão
ASSEMAE – Associação Nacional dos Serviços Municipais de Saneamento	Aparecido Hojaij
Azevedo Sette Advogados	Cynthia Cardoso
BID - Banco Interamericano de Desenvolvimento	Gustavo Mendez Sergio Campos
BNB - Banco do Nordeste	José Wandemberg Rodrigues Almeida
BNDES – Banco Nacional do Desenvolvimento Econômico e Social	Guilherme Albuquerque Laura Bedeschi Letícia Barbosa Pimentel Marcio Zeraik
CAERN - Companhia de Águas e Esgotos do Rio Grande do Norte	Maria Geny Formiga De Farias
CAESB - Companhia de Saneamento Ambiental do Distrito Federal	Aline Batista de Oliveira
CAGEPA - Companhia de Água e Esgotos da Paraíba	Marcus Vinicius Fernandes Neves
Caixa Econômica Federal	Alexandre Honório Cayres Tatiana Thomé de Oliveira
Câmara dos Deputados	Deputado Enrico Misasi Deputado Evair Vieira de Melo Deputado Fernando Monteiro Deputado Geninho Zuliani
CGH ARG - Central Geradora Hidrelétrica Armando Ribeiro Gonçalves	Adriano Divino de Sousa
Casa Civil da Presidência da República	André Arantes Luciano
CNM - Confederação Nacional de Municípios	Claudia Lins
COBRAPE - Companhia Brasileira de Projetos e Empreendimentos	Luis Christoff
COPASA – Companhia de Saneamento de Minas Gerais	Brigida Bueno Maiolini
CGU - Controladoria Geral da União	Carlos Ruchiga Marlos Santos
CODEVASF - Companhia de Desenvolvimento dos Vales do São Francisco e do Parnaíba	Luciano Campitelli Conti Salatiel Alves Coutinho Neto Sergio Luiz Soares de Souza Costa
COGERH - Companhia de Gestão dos Recursos Hídricos do Estado do Ceará	Antonio Treze De Melo Lima Carla Fabiana Mont Morency G. Rodrigues Denilson Fidelis Elano Joca José Martins De Andrade Marcelo Bezerra Marcilio Caetano De Oliveira Rafael Bezerra Tavares Vasques Landim Roberto Bruno Moreira Rebouças
COPPE - Instituto Alberto Luiz Coimbra de Pós-Graduação e Pesquisa em Engenharia da UFRJ	Jerson Kelman

DESO - Companhia de Saneamento de Sergipe	Andre Luis Pereira Oliveira
DNOCS - Departamento Nacional de Obras Contra as Secas	Alberto Batista
EJA - Faculdade Monteiro Lobato	Patrícia Moreira Cardoso
EMATER Cajazeiras – Empresa de Assistência Técnica e Extensão Rural	Zildo Vicente Leite
Emparn/RN - Instituto de Pesquisa Científica em Parnamirim, Rio Grande do Norte	Nelson Cesio Fernandes Santos Santos
FinoAgro - Finobrasa Agroindustrial	Evanio Vieira
Governo do Estado de São Paulo	Helio Luiz Castro
Governo do Estado do Amazonas	Fabio Augusto Alho Da Costa
Governo do Estado do Piaui	Erick Elysio Reis Amorim
Gpeas Semiárido - Grupo de Pesquisa Semiárido Brasileiro	Laize Dos Santos Rodrigues
IFPB - Instituto Federal da Paraiba	Artur Lourenço Cybelle Frazão C. Braga Salomão De Medeiros
IGARN - Instituto de Gestão da Água do Rio Grande do Norte	André Lucas Nunes Antonio Marozzi Righeto Francisco Auricélio
Consultor independente	Martha Maria Fialho Romulo Macedo Rui Costa Marques Wladimir Ribeiro
IRGA - Instituto Rio Grandense do Arroz	Ivo Mello
MDR - Ministério do Desenvolvimento Regional	Anderson Bezerra André Braga Galvão Silveira Carla Barroso Claudio Xavier Seefelder Filho Claudir Afonso Costa Cristiane Battiston Demetrios Christofidis Ernani Miranda Irani Braga João Mendes Rocha Neto Lucas Bischof Pian Oscálmi Porto Freitas Pedro Maranhão Rafael Eduardo Teza De Souza Rogério Marinho Sergio Costa Sergio Soares Veronica Sanchez Da Cruz Rio
ME - Ministério da Economia	Diego Botassio Diogo Mac Cord De Faria Ernani Kuhn Fabiano Mezadre Pompermayer Fábio Ono Gabriel Godofredo Fiuza De Bragança Manoel Renato Marcelo Pacheco Dos Guaranys Martha Seillier Raul Menezes Dos Santos Wesley Callegari Cardia
MME - Ministério de Minas e Energia	Bruno Eustáquio de Carvalho
NDB - New Development Bank of BRICS	Marcos Thadeu Abicalil
PPA - Comitê de Bacia	Cicero Aurélio Grangeiro Lima

	Emídio Gonçalves de Medeiros Francisco José Bernardino Bernardino Isalúcia Barros Cavalcanti Maia João Batista Alves José Procópio De Lucena Maria De Lourdes Santana Vera Maria Lucas Ribeiro Walace Oliviera Waldemir Fernandes De Azevedo
Profill Engenharia	Carlos Bortoli Meiri Michita Paola Marques Kuele
SABESP - Companhia de Saneamento Básico do Estado de São Paulo	Marcel Costa Sanches
SEMA-RS - Secretaria do Meio Ambiente e Infraestrutura do Rio Grande do Sul	Amanda Fadel Marcela Nectoux Paulo Renato Paim
SAMAE - Serviço Autônomo Municipal de Água e Esgoto de Caxias do Sul	Rossano Belladona
SEMARH - Rio Grande do Norte Secretaria do Meio Ambiente e dos Recursos Hídricos	Paulo Varela Hélder Oliveira de Araújo
SEINFRA - Secretaria de Estado de Infra-Estrutura de Pernambuco	Simone Rosa da Silva
Senado Federal	Sen. Tasso Jereissati
SINDUSCON-MG - Sindicato da Indústria da Construção Civil	Fabio Ferreira
SINGREH - Sistema Nacional de Gerenciamento de Recursos Hídricos	Volney Zarnadi Junior
SRH – Secretaria dos Recursos Hídricos	Adahil Pereira de Sena Francisco Teixeira
STJ - Superior Tribunal de Justiça	Ministro Herman Benjamim
TCU - Tribunal de Contas da União	Daniel Mansur de Oliveira Marcelo Orlandi Ribeiro
UERJ - Universidade do Estado do Rio de Janeiro	Rosa Maria Formiga Johnsson
UFCG - Universidade Federal de Campina Grande	Daniela De Freitas Lima Karoline Solange Borges Teobaldo Maycon Breno Macena Silva Paulo Abrantes De Oliveira Regina Maria Pereira Ruan Teixeira
UFRGS - Universidade Federal do Rio Grande do Sul	Ana Dalcin Guilherme Marques Rúbia Tatiane Da Luz Silva
UFRN - Universidade Federal do Rio Grande do Norte	Eric Mateus Dias Yonara Santos
U.S. Departament of the Treasury (Departamento do Tesouro dos Estados Unidos)	Walter Kulakowski
World Bank (Banco Mundial)	Gilberto Canali Gustavo Saltiel Juliana Garrido Paula Pedreira De Freitas De Oliveira Rita Cestti Stela Goldenstein Viviane Virgolim Zamian

www.ingramcontent.com/pod-product-compliance
Lightning Source LLC
LaVergne TN
LVHW080657011026
849160LV00014B/1460